「まっすぐに」
患者と向きあう

成田善弘

成田善弘
心理療法を語る

Ψ
金剛出版

目次

成田善弘　心理療法を語る

心理療法を語る
――治療関係の内と外――

はじめに

心理療法をめぐってここ何年か感じたり考えたりしていることをお話しします。特定の立場に立って理論や技法を論じるわけではありません。また何か新しい知識をお伝えするわけでもありません。心理療法をめぐっての私の思いというか考えをお聞きいただくことになります。ただあまりに散漫にならないように、Ⅰ　自分の行っている心理療法について考える、Ⅱ　心理療法を行う場と時間について考える、Ⅲ　クライアントに傾聴し理解する、Ⅳ　他職種と連携、協働する、の四つのテーマをめぐってお話しします。初歩的なことではありますが、私が基本と考えていることです。

Ⅰ　自分の行っている心理療法について考える

心理療法家は、自分はどのような心理療法を行っているのか、どのような理論に依拠しているのか、その理論はいまクライアントを前にしている自分の素朴で正直な思いや感じと、どの程度矛盾なく自分の中に入ってくるか、矛盾があるならどういうところか、そして自分のしている心理療法をクライアントはどう体験しているか、といったことをいつも問い続けなければならない。自分の身に照らして理論と対話しなければならない。理論を学ぶことが自分を失うことになってはならない。自分とクライアントと理論という三者関係を生きる必要があります。

ある特定の理論を受け入れ、その理論を唯一絶対視し、もっぱらその理論に従っている人たち、その理論の信者のような人たちはこういう問を自問することはありません。一方、特定の理論にコミットせず、その場その場で別の理論をとり入れている人たち、治療が行き詰まるとすぐに別の理論と技法をもってきて対処しようとする人たちも、こういう問をもつことはありません。

さまざまな心理療法を統合するという考えもありましょうが、真の統合はなかなか難しいものです。それぞれの理論のもっている人間観が違っていて、技法はその人間観から生じているので、無原則にとり入れていると、自分がクライアントを、そして人間をどう捉えているかがわからなくなり、結局自分が何をしているかがわからなくなってしまいます。そうなるとクライアントも混乱してくるので、治療もうまくゆかなくなります。ですから、基本的な人間観をもつことはやはり重要です。さまざまな技法はその人間観の周囲に集ってくるものです。そうなってはじめて統合が可能になるのです。

さまざまな学派の錬達の人のしていることはよく似ていると言われています。たとえばカール・ロジャーズは、自分のしていることはミルトン・エリクソンのしていることとよく似ていると言っています。私などから見ると、ロジャーズは非操作的で、ミルトン・エリクソンはかなり操作的で、たいへん違っているように感じますが、ロジャーズはよく似ていると言う。ちょっと記憶が定かではありませんが、たしか「無意識への信頼」が共通していると言っていたと思います。

初心者ほど学派による違いがはっきりしているが、錬達になるとよく似てくる。「登る道は違っても頂上は同じ」という言葉がありますが、心理療法においてもそういうことが言えるようです。

じゃあ私たちははじめから錬達の人のしていることを学べばよいではないか、ということになりますが、錬達になった人はいくつかの道を同時に登ってきたのではない。同時にいくつかの道を登るということは不可能です。ある理論にコミットし、それを極めようとする努力をつみ重ねるうちにしだいに錬達になって、その上で、他の理論を学んで錬達になった人たちを見てみると、よく似たところがあることに気づくということのようです。

余談ですが、池波正太郎の『剣客商売』という小説にこういうことが書いてあります。秋山小兵衛という老剣客のことばです。

「剣術というものは一生懸命やってまず十年、それほどにやらぬと、おれは強いという自信にはなれぬ。さらに十年やると、今度は相手の強さがわかってくる。それからまた十年やると、今度はおのれがいかに弱いかということがわかる。四十年もやると、もう何が何だかわからなくなる」

心理療法においても、長年やっているとどんどん上達して上手になったという感じがもてるようになるかというと、なかなかそうはゆきません。むしろ自分の未熟なところが見えてきます。そしてさらに進むと、自分のしていることを理路整然とことばにすることができなくなります。基本的にある理論に依拠しているけれども、そこにさまざまな知識や経験が付け加えられて、その人の心理療法ができてくるのです。さらに言うなら、心理療法はあるクライアントとあるセラピストの間にそのつど生まれるもの、クライアントとセラピストが共同で、そのときその場にふさわしい心理療法を創造するのです。整然とことばにできないのはむしろ当然なのです。

土居健郎先生は「精神療法は出たとこ勝負」、神田橋條治先生は「行きあたりばったり」と言われます。こういうことばを聞くと、経験の長いセラピストは「なるほどそうだ」と感じるものですが、しかし初心者が「精神療法は行きあたりばったりですよ」などと言っていたら誰もその人にはかからないでしょう。

修行の途中で「自分は心理療法家に向いていない」と思うことがあります。つまり自分の弱さがわかってくるのです。こういう思いを一度もしないでよい心理療法家になった人は多分いないでしょう。ですから、そう思うときこそさらに一歩進む段階に来ているのだと思って修行を続けなければならないのです。しかし、ときには「向いていない」ということが正しい洞察であることがあります。そこがなかなかわからないところが、私たちの仕事の難しいところですし、救いでもあるのです。

Ⅱ　心理療法を行う場と時間について考える

心理療法はそれがどのような場で行われるかによって大きく影響を受けます。廊下での立話で行えること、病室で行えること、学校で行えること、災害時の避難所など周囲に多くの人がいるところで行えること、立ち聞きされたり覗き見されたりしない静かな面接室で行えることには、おのずと違いがあります。週に四回会うか、毎週会うか、二週に一回会うか、月に一回会うかによっても違ってきます。五分会うか、三十分会うか、五十分会うかによっても違います。

このような、心理療法を行う物理的条件のことを（外的）治療構造といいます。設定といった方がよいかもしれません。小此木啓吾先生の言われる「治療構造論」というのは、必ずしも面接の場所や時間を一定にしなければならないということではありません。面接を行う場と時間という条件が面接内容に影響を及ぼし、面接内容が場と時間を要請するということを常に考えよということです。つまり心理療法の内側を考えるだけでなく外側にも目を配るということです。

私は総合病院の精神科で十数年働いたあと女子大の教員になりました。そこで一時、学生相談もしていたのですが、病院で患者を診ているときと学校で学生と会うときとでは、得られる情報がたいへん違ってきます。最初に感じたのは、学生相談では身体についての情報が得にくいということです。病院では初診の人に身体的診察もしていました。つねに身体に気を配り、身体因性のものを見のがさないように努めていました。そこで気づいたのは、身体医はしばしば行き過ぎた心因論に陥りがちだということです。身体医がうつ病ではないかと依頼してきた患者に脳腫瘍を発見したり、ヒステリーを疑われてきた患者の症状が代謝性の病気によるものであることを見出したことがあります。身体に気を配り診察した結果です。

学生相談に来た女子学生に「診察しますから胸をあけてください」などと言ったら、セクハラで訴えられてしまうでしょう。働いている場所、状況によって見えてくるものが違ってくるのです。

ですから組織の中で働くセラピストは、その組織が何の目的でできているか、その中で自分はどう見られ、何を期待されているかを知らねばなりません。つまり社会的構造について考えなければならないのです。

構造は意図的構造と非意図的構造に分けられます。組織の中で働くセラピストにとっては、治療構造はすでに定まっている、つまりセラピストにとっては非意図的なものが多いでしょう。私がクリニックで働いていたときは、使う面接室は決まっていますし、一般外来では面接時間は十五分としなければなりませんでした。総合病院で働いていたとき、一般外来では多いときは一日一〇〇人くらいの患者を文字通り三分診療で診ていましたから、クリニックではもうすこし長い面接をしたいと思いそのように要望しました。はじめは時給で雇われていて、経営者から「先生の時給は一時間に四人は診てもらわないと出ません」と言われて、一人十五分になりました。開業したばかりのクリニックでしたからはじめはひまでしたが、そのうち忙しくなり、一人七分三十秒になってしまいました。これは私にとって非意図的なものです。スクールカウンセラーなどは非意図的な構造の中で仕事をすることが多いでしょう。自分が意図的に設定した構造の中で仕事をしていると、たとえば面接の場所や頻度や時間や料金を自分の意志で決めている場合は、それが患者にどう受けとられているのかを意識的に考えますが、非意図的構造については、そういうものだ、そうなっているから仕方ないということになって、あまり考えなくなってしまいます。しかし非意図的構造もセラピストがそれを意識し、それがクライアントにどう体験され、どう影響しているかを知る必要があります。非意図的構造には面接室の周囲の環境も含まれます。面接室のある建物、その周囲の町並みや自然をクライアントがどう体験しているか、どういう意味を感じているかにも注意を払う必要があります。

心理療法家はさまざまな構造の中で仕事をするわけですが、クライアントに心の深いところまで語ってもらうためには、立ち聞きされたり覗き見されたりしない静かな部屋で、一定の時間をかけて定期的に何回も会う必要があります。そういう構造を作っていくことが心理療法家の大事な仕事で、そのためには周囲の理解を得るための努力が必要です。

構造を設定するということは、この治療の中ではどうふる舞ってほしいかという期待をクライアントに明確に伝えるということです。たとえば面接時間を五十分と設定したら、五十分たったら面接室を出て帰ってくださいという期待を伝えていることになります。これが明確でないとクライアントは退行しやすくなります。

保健所の保健師さんの集りで講演をしたとき、こういう質問がありました。「ボーダーラインの患者がしょっちゅうやってきて、いつまでも帰ってくれないので他の仕事ができなくて困っています。どうしたらよいでしょうか」私が「何曜日に来てくれと言ってあるのですか」と訊いたら「そんなことは言ってありません。なるべく来ないでほしいと思っているのに来てしまうんです」と。「来たら何分会うと言ってあるのですか」と訊いたら「そんなことは言ってありません。なるべく早く帰ってほしいと思っているのに帰ってくれないんです」という返事でした。これでは「患者がしょっちゅう来て、帰ってくれない」と苦情を言うことはできません。患者と相談し事情を聞いた上ですが、こちらのできることをはっきり告げる。何曜日の何時に来てください。そうすれば何分お会いできますと。そのとき来れば話が聞いてもらえるとわかると、しょっちゅう来るのが減るかもしれません。そう伝えても守ってくれない人もあるでしょうが、そのときは、なぜ守らないのか、なぜ守れないのかを患者とともに研究することが面接のテーマとなります。

構造が設定できたら、面接室の内と外の境界《バウンダリー》をクライアントが維持してくれるかどうかに注意を払います。

子どもの遊びを考えてみます。ママゴトで母親役をしている子どもは遊びの中では母親になりきっています。しかし、夕方になって本物のお母さんが「ごはんですよ」と声をかければママゴトは終り、その子は子どもに返ります。つまりママゴトと実生活のバウンダリーを子どもは知っています。

もう一つ、プレイセラピーを考えてみます。プレイルームの中では子どもはセラピストにさまざまな役を担わせます。セラピストは母親になったり、友だちになったり、ときには怪獣になったりします。しかしプレイセラピーが終ってプレイルームを出れば、セラピストは「先生」になります。

面接室内では退行したり感情をあらわにしたクライアントも、面接が終って受付で料金の支払いをするときには冷静な大人になってくれるかどうかを見きわめる必要があります。とくに心の深いところまで扱う心理療法では、こういうバウンダリー感覚をクライアントがもってくれることが必要です。病理の重いクライアントはこの感覚がもちにくいのです。

ある分析家がこういう例を報告しています。

子どもの面接をしていて、その子が、弟が生まれてから母の愛が弟に奪われる、弟が憎らしいと話していました。セラピストはそういう気持は無理のない気持だと肯定しました。その面接のあと母親がパニック状態で電話をかけてきて、その子が弟を階段から突き落とそうとしたと告げました。面接室でセラピストが弟への敵意を肯定したことがそのような行動につながってしまったのです。その子には面接室の内と外とのバウンダリー、感情と行動の区別がつかなかったのです。大人でも境界水準や精神病水準の病理をもつ人にはこういうことが起こります。

もう一つ、面接室の内と外ということで留意しなければならないことは、クライアントが面接室の外で毎日どんな暮しをしているかを知っておくことです。クライアントの生活全体を思い浮かべられるようになることが必要です。面接の中ではよくなっているように見えても、外での生活が荒れてきたりしていては、そのクライアントは本当にはよくなっていないのです。面接室の中では退行したり混乱したりしていても外の生活が安定してきていれば、そのクライアントはよくなってきているのです。面接室の内と外の両方に目配りし、違いがあるようならその違いを話題にする必要があります。

セラピストの実生活での出来事がクライアントへのかかわり方に影響を及ぼすこともあります。それを自覚し、その出来事が面接に影響しないよう努めることが必要です。

心理臨床家の働く現場がさまざまに広がってきている現在、それぞれの現場で望ましい構造をどう作ってゆくかが心理臨床家の実践的課題となっています。そのためには日頃よく働いて（面接以外の仕事も積極的にして）周囲の理解と信頼を得ること、とりわけ組織の管理者の理解を得ることが必要でしょう。

私が総合病院で働いていたとき、一人三分から五分くらいの一般外来、入院患者の回診、コンサルテーション・リエゾンの仕事などかなり多忙でした。その中で五十分の面接も少数行っていましたが、他のスタッフが忙しく立ち働いているときに五十分も面接室に閉じこもっていることは心苦しいことでした。また病院の収入の面からいっても、当時（二十数年前）私が五十分面接すると標準型精神分析（この名称は適切ではありませんが）というのを請求していましたが、これが保険で三五〇点、一点十円ですから三五〇〇円でした。つまり私が一時間（五十分とカルテ整理に十分）働くと病院に三五〇〇円入ることになります。患者の負担は一割から三割ですが。当時の私の給料を時給に換算すると、厳密に計算したわけではありませんが、多分三五〇〇円よりは多かったでしょう。その上私が面接すれば電燈はつけるしエアコンも使う。私が面接に一時間費すと病院はかなり損をすることになります。現在もそういう状況はさほど変わっていないと思います。こういう状況で一回五十分の心理療法を行うにはよほど周囲の理解が必要なのです。

Ⅲ　クライアントに傾聴し理解する

セラピストはクライアントに傾聴し理解しようとしています。クライアントについては何も知らないということを前提に、純粋に知りたいという気持で聴くのです。傾聴とは単なる技術ではなく、心理療法家のあり方そのものなのです。

まずはクライアントの言いたいことを聴きとらねばなりません。それが多くのセラピストにとって、とりわけ医師にとって難しいことです。一般に医師は患者の言いたいことよりも医師の知りたいことを聞きます。医師の知りたい情報が得られるように聞き、それに基づいて患者を診断体系のどこに位置づけようかとして聞きます。そのように訓練されているのです。医師に限らず専門家というものは自分のもっているある見方で、自分が依拠しているある体系の中に、つまり既存の知の枠組みの中に相手を位置づけようとするものです。心理師もこういう見方をすることもあるでしょう。アセスメントといわれることについてはこういう性質があると思います。

しかし心理療法家にとって理解するということは、対象を既存の知の枠組みの中に入れるということではありません。われわれに課された課題を注意深く見出し、吟味し、クライアントとともにそれを担うということです。

学会や事例検討会の討論を聞いていると、「見立て」ということがよく言われています。クライアントと数回面接したところで、セラピストは「見立て」をする。つまり、クライアントをどう理解したかを告げる。「見立て」のないところで面接を始めても何をどうしてよいかわからないから、まずしっかりした「見立て」をすることが大切だということになっています。しかもその「見立て」は心理学的用語を用いてしなければならない。つまりセラピストのもっている心理学的知識や依拠している理論に照らしてクライアントをどう理解したかを示すことが求められます。

私はこの「見立て」ということが苦手です。数回面接したくらいで、その人がどういう人かなどなかなかわかるものではありません。せいぜい「この人は怒りっぽい人だ」とか「理屈っぽい人だ」とか「人との関係が長続きしない人らしい」とか、その程度の印象をもつだけのことが多い。しかもその次の面接では「前回はそう思ったけれど、どうもそうではないらしい」とか「前回は気づかなかったが、こんなところもある人だ」ということになります。こういうことがしょっちゅうある。それが積み重なってくるとその人の人物像がだんだん複雑になり、どういう人か一言では言えなくなってしまう。類型化もしにくくなります。つまりよくわからなくなる。すこしずつわかってくると、かえってわからなくなるのです。だからいつも自信がもてない。「わかる」ということの不思議なところです。

たとえば私は五十年以上いっしょに暮している妻のことを、うちの家内はこういう人間ですと他人に説明することはなかなか難しい。ほとんど不可能です。しかし一方で、五十年前より彼女のことがわかっているという実感にもいつわりはない。人間をわかるということと、かえってわからなくなるということは表裏のことなのです。土居健郎先生のことばを借りれば「わからないところが見えてくる」ということです。そしてそこがこれからクライアントとセラピストが担うことになる課題なのです。

「見立て」というのは面接の初期の大ざっぱな仮説にすぎないので、今後修正されたり深められたりするはずのものです。だから「見立て」を告げるときセラピストは自信のないのがふつうです。ですから自信がないのがクライアントに伝わるように告げるのが正しい態度で、自信満々に「見立て」を述べる人は実務経験から学ぶことの乏しい、頭でっかちの人です。ただセラピストがまったく自信がなくオロオロしているようではクライアントも不安になります。セラピストは自信がないことには自信があるのですから、自信をもって「自信がない」と言わねばなりません。

セラピストがある見方で、自分の依拠する理論にあてはめようとしてクライアントの話を聞いても、クライアントは話を聴いてもらったとは思わない。まして本当に言いたいことは実は当人にもよくわかっていないことが多いのです。セラピストにいろいろ話しているうちに、それまで意識していなかったこと、思ってもいなかったことを話している自分に気づき、

「あー、これが自分が本当に感じていたこと、本当に言いたかったことだ」と気づくのです。どなたの論文にあったか思い出せませんが、その方のクライアントが「私はここ（面接室）に自分が何を語るのかを聞きに来ているのです」と言ったとありました。そのクライアントは自分が本当に言いたかったことに気づいていなかったのが、面接室でセラピストに語ることですこしずつわかってきつつあることをこう表現したのだと思います。それはクライアントにとって発見なのですが、発見してしまえば、実はずっと前から心の内にあったことだと気づくのです。それは今まで考えないようにしてきたこと、考えたくなかったこと、ときには自分にとって恐ろしいこと、不気味なことだったのかもしれません。

フロイトに「不気味なもの」Das Unheimliche という論文があります。S.E.（Standard Edition）では The Uncanny（薄気味悪い、ものすごい、不思議なもの）、と訳されています。そして「不気味なもの」とはひそかに馴れ親しんだ（secretly familiar）ものなのです。S.E. ではそこだけ原語（ドイツ語）が挿入してあります。Das Unheimliche とは heimish, heimlich なものなのです。

本当に言いたいことが言えるようになるには、自分の不安、恐怖、弱点などを語っても軽蔑されたり非難されたりしないという安心感や安全感を、クライアントがもてるようにならなければなりません。そのためにはクライアントの不安や怒りや恐怖や恥や悲しみを人間にありうることとして平静な気持で聞くことが必要です。つまり語る人と聴く人の長い間の協力があってはじめて本当に言いたいことが語られるのです。その過程で両者はそれぞれ自分の心の深いところまで降りてゆくのです。

心の深いところに目を向けてそれを語ってもらうためには、ときには質問もしなければなりません。質問するためには、クライアントの語りの中でセラピストにわからないところ、不思議に思えるところが見えてこなければなりません。たとえば、クライアントが何の疑問ももたずにふる舞っていることが不適応を招き、結果としてクライアントを苦しめているのならそこに疑問を呈するのです。この「不思議に思う」という感覚がもてるかどうかということが心理療法とりわけ探索的心理療法を行う上で大切なことです。先程も引用しましたが、土居健郎先生の言われる「わからないところが見えてくる」ことが必要なのです。

私が大学病院の助手（助教）として診療していたときのあるエピソードをお話しします。

私が初診する日には何人かの若い精神科医や心理士が陪席していました。

若い女性の患者がやってきて「手首を切った」と言いました。私が「どうして切ったの?」と聞いたそうです。聞いたそうですというのは、当時私自身は記憶になく、陪席していたある心理師があとから語ってくれたのです。患者が「失恋して、生きていても仕方がないと思ったからです」と言った。そうしたら私が「どうして生きていても仕方がないと思ったの?」とまた聞いたそうです。陪席していた若い精神科医や心理師たちは「失恋して生きていても仕方がないと思って手首を切るのはよくわかる。成田先生はなぜそんなわかりきったことを聞くのか」と話し合ったそうです。

しかし、陪席していた若い臨床家たちも失恋することはあるでしょうが、そのとき生きていても仕方がないと思うかどうかは疑問ですし、まして手首は切らないでしょう。この頃は切りそうな人も入局してくるけれども、まあたいていは切りませんよね。だから患者が手首を切ったのを不思議に思っても不思議はないのにそうは思わなかったのは、自分は健康で正常だからそんなことはしないが、患者は病的だから切ったのだと考えたに違いないのです。つまり何を不思議がるかはその人の患者観によるのです。たとえば、患者は依存的だと思いこんでいると、彼が依存的にふる舞ったときに不思議がることはできません。患者は自分できるはずだと想定していてはじめて、彼が依存的にふる舞ったときに不思議がることができるのです。そしてこういう質問をするとき、「この先生は純粋に不思議に思って質問しているので、咎め立てしているのではない」と患者に思ってもらえるような関係ができていることが大切です。ですからこのときの私のように、患者との関係の質を吟味せずにすぐさま聞いてよいかは疑問です。タイミングよく聞くことができると、その問が患者にとって自分の心の深いところからの問いかけのように、今まで問いかけられたことのない深い次元からの問いかけのように、つまりセラピストから聞かれているのではなく、自分の心の深いところからの自問のように聞こえることが理想です。

このような問いかけをするためには、セラピストは自分の問いがそこから生じてきたところの感情、価値観、患者観、人生観を自覚し検討することが必要なのです。

私の師伊藤克彦先生は「患者というヌイグルミの中に入って」とよく言われました。当時はこのことばの意味がよくわからなかったのですが、のちに私は自分が「患者に内在する」という表現を使っていることに気づきました。患者に「内在」しようと努め、患者の内側から発言する、これは言うは易く行うは難し、です。私にとってこれは「願い」であり「祈り」のようなものです。「内在する」という私のことばが伊藤先生の「患者というヌイグルミの中に入って」ということばに淵源していることは言うまでもありません。

患者の内側に入って聞くということは、実は私自身の心の深いところの言葉を聞くということと重なり合うことがあります。患者の内に入っていながら、すっかり患者になってしまうのではなく自分でい続けることができると、こういう重なりが可能になるようです。こう考えるようになるきっかけとなった私の経験を述べます。

患者は強迫性障害の男子高校生で、商家の長男として生まれ、小学校のころから運動は苦手でしたが成績は一番で親から将来を期待されて育ちました。しかし同級生の中にいると自分が「雑草の中のモヤシ」のように感じられて溶け込めず、「弱肉強食の世の中で生きていくには一流大学に入り、人のなかなかなれないような学者になるしかない」と思い、勉強一本槍で努力しました。無理な勉強がたたってか中二の終りに肺炎になり、二週間ほど学校を休みました。中三の四月に登校すると、同級生が皆おとなに見え、自分だけとり残された感じで、現実がピンとこなくなり、まるで別世界に来たようでした。このころから教科書の字の形、挨拶の仕方（「おはよう」に「ございます」をつけるかどうかに迷う）などが気になり始め、強迫的な確認や繰り返し行為が増え、成績が低下しました。高校はかろうじて進学校に入学しましたが、強迫症状が増悪し、両親につきそわれて受診しました。青白い、神経質そうな顔をした、やせた青年でした。

治療開始後二年ほどした面接で、彼は現代の教育制度を批判し、教師や同級生の無能を言いたて、こういう凡庸な連中に囲まれていては自分も凡庸になってしまう。早く一流大学に入らないといけないと言います。こういう面接が続いたので、正直言って私は疲れていました。彼の尊大さに反発も感じていました。凡庸な治療者にかかっていては自分も凡庸になってしまうと言われているようで、無力感を抱かせられ、離人感が生じて彼の話が遠くに聞こえました。

しかし一方で、彼が心の内に孤独を抱えていることが、私に感じられました。自分だけが世界と調和しない異質の存在としてこの世界に放り出されている。それゆえ人間関係はぎこちなくならざるをえないのだと。

私自身青年期に孤独を抱えていました。孤独というものが避けようもなくあって、それをどうしてよいかわかりませんでした。商家の長男、親からの期待、友だちづき合いのまずさ、運動が苦手、宇宙への関心、中学のときの病気、彼の言っていることは私自身のことと重なっていました。

のちに思うに、自分と重なりの多い患者にそれと自覚しないまま関心をもつということは初心の治療者にありがちなことで、私も例外ではなかったのです。亡くなった丸田俊彦先生が分析学会の研修症例の発表者に対して「それって誰のこと？（患者のことか治療者のことか）」と聞いておられたことを思い出します。

「ひとりぼっちなんだ」と私は言いました。彼はすこし沈黙しましたが、すぐまた学校や教師への批判に戻りました。私のことばはただちには何の効果もないようでした。しかし私の中に変化がありました。それまで彼に反発を感じていたのが、静かな気持で彼の話を聞くことができるようになりました。すると彼はしだいに子どものころから周囲との違和感を感じていたこと、ひとりぼっちだったことを語り始めたのです。

私が彼の心の底に孤独を見たのは、彼の心を探ろうと努めたからだけではありません。彼の話を聞いているときの私自身の心を見つめたからです。疲労感、反発、無力感、離人感が私の心にあったのですが、その底に「ひとりぼっち」という気持があることが見えてきたのです。私が自分の「心の井戸」を深いところまで見通すことができて、彼の「心の井戸」と通底する「ひとりぼっち」という気持に気づいたのです。これは私自身の内的世界の（そのある層の）発見ですが、この孤独感は、患者の強迫に長い間さらされ、打破しようと努め、わずかに垣間見られる彼の内的世界の深いところに触れたいと努めてきたにもかかわらず、その患者から回避され、拒絶され、軽蔑されてきた治療者のいま・ここでの実感です。そしてそれは患者が心の底でいままでずっと、そしていま・ここで経験していることにほかならないのです。治療者が面接過程に生身の自分を介在させ、自分の心の深いところの声を聞きとろうとすることで、患者をより深く理解することが可能になったのだと思います。

Ⅳ　他職種と連携、協働する

クライアントによい援助をするためには、多くの他職種の人たちと連携・協働することが必要となります。私がこういうかかわりの必要性を実感したのは、大きな総合病院の中の小さな精神科に赴任したときです。

医学・医療は進歩し変化し続けていますが、その本質はそれほど変わっていません。すなわち、目に見えない心ではなく目に見える身体を対象とし、その障害や欠損といったマイナスの変化をとり扱い、さまざまな検査によってその障害や欠損の程度、範囲、性質を見定める。そして物理化学的あるいは生物学的方法によりその状態を改善し原因を除去しようとします。ときには障害、欠損をこうむった部分を代替物で置き換えることにより機能を代行し生命を救おうとする（人工心肺、透析、臓器移植、眼内レンズ、義歯など）。つまりひとりの人間ではなく、一個の身体が対象なのです。人間は心と身体をもつ全体ではなく一個の身体と見なされ、しかも身体はいくつかの部分の集合からなる一つの機械のように見なされます。これを機械論的身体観といいます。近代医学はこのような身体観、人間観により進歩してきました。こういう進歩によって多くの生命が救われています。私自身こういう医学・医療の恩恵を多大に受けています。

しかし一方で、心と身体をもつ一人の人間、その内面や主体性や歴史や関係性は省みられることが少なくなりました。こういう傾向への反省として各科の連携が必要となり、コンサルテーション・リエゾン精神医学が生まれ、病院に心理師が配置されるようになりました。

総合病院で各科共通のカルテを作ろうとなったとき、私は自分の診ている患者について自分が得ている情報が他科のスタッフに伝わることに不安を覚えました。私の患者の中には他科にかかっている人も何人かいて、精神科にかかっていること、精神科医に話したことが他科のスタッフに知られてしまうことに不安を訴える人もいました。精神科医に心の内を正直に話すことができなくなってしまうと。

精神科だけはカルテを別にしてもらうことも考えましたが、総合病院の中でそのようなことをすれば他科との協力は難しくなります。精神科医はただでさえ風変りな人間と思われている（かもしれない）のに、ますますそう見られ、院内で孤立してしまいます。

共通カルテにすることのプラス面もあります。患者が他にどういう病気をもっているか、どこでどのような治療を受け、どんな薬を服用しているかを知ることは精神科医にとって大いに役立ちます。だいぶ迷ったすえ、結局共通カルテにすることに同意しましたが、そこにどこまでのことをどのように書くかという課題に日々直面することになりました。

心理師もクライアントから得た情報を他職種に伝えることがあるでしょう。多くの人たちがかかわればかかわるほど情報伝達の透明性が求められます。一方で、医師にも心理師にも守秘義務があります。クライアントはこのセラピストが自分のことを他にはもらすことはないという信頼のもとに心の内を打明けているのです。

心理療法家がクライアントの情報を他に伝えるときには、まずできるだけ本人の同意を得ること、そしてその情報を伝えることがそのクライアントの利益につながるように配慮することが必要です。ただ理想のためにだけ発言してはならないのです。

ある入院患者が病棟スタッフの対処について心理療法家にいろいろ苦情を訴えていました。患者の言い分はもっともだと思われたので、その心理療法家は患者がこう言っていると病棟スタッフに伝えました。スタッフにはスタッフの言い分もたくさんあったので、スタッフは患者の言ったことに反発して、病棟での両者の関係がますます悪くなり、ついにその患者は意に反して退院せざるをえなくなりました。心理療法家は患者の苦情を伝えることでよりよい看護が可能になることを願ってそうしたのですが、結果は逆効果になりました。この場合、そんな病院はさっさと退院して別の病院に移ればよいという考えもあるでしょうが、それにはもっとよい病院が現実に存在していて患者がそこに入院できるという状況がなければなりません。しかし現実にはそんな病院はなかったのです。理想のためにだけ発言してはいけないのです。

多くの人が連携・協働するということは、クライアントから見ると、それまで見ず知らずであった多くの人たちとかかわらなければならないことになります。クライアントとは習慣や文化を異にする人、考えの違う人もあるでしょう。気遣いも必要でしょうし、ときには自尊心の傷つくこともあるでしょう。あるクライアントのことばに「援助というものはする方がされる方よりずっと気持のよいものだ」というのがあります（矢永由里子編著『心理臨床実践』誠信書房、二〇一七）。たしかに自分が援助をしていると思うことは気持のよいものですし、自己愛的満足を伴うこともあります。一方、援助を受ける人は恥ずかしく思ったり、自尊心が傷ついたりします。援助者の心ないことばに傷ついている人はたくさんあります。援助をする人は援助を受ける人が恥や自尊心の傷つきを体験することのないよう十分配慮しなければなりません。

多くの人がかかわれば、クライアントへの接し方もそれぞれ違うこともあり、互いに矛盾することもあるでしょう。また、かかわる人たちの間で競争や嫉妬や対立が生じることもあります。たとえば「あの人が厳しすぎる」とか「あの人が甘やかすのがいけない」といった互いに非難し合うことも生じかねません。そういう集団の病理がクライアントを混乱させ、内面の病理を拡大してしまうこともあります。ときには、クライアントがある人たちには良い顔を見せ、ある人たちには別の顔を見せていると、その人たちのクライアントに対する評価や感情が違ってきて接し方も違ってきます。そのうちに両者の間に対立が生じます。それまで潜在的であった対立が顕在化してしまうこともよくあります。こういうことは主治医と心理療法担当者の間、主治医と病棟スタッフとの間でもよく生じます。

こういう、患者のあり方がかかわる人たちの集団に及ぼす影響、集団のあり方が患者に及ぼす影響の両方を理解した上で、かかわる人たちの関係を調整することが心理師の仕事です。こういうことは、クライアントと深くかかわりその内面を理解すると同時に、集団の中で生じる力動についても理解している心理師でなければできない仕事です。

心理療法家はさまざまな職種について自分が協働できる組織、施設にどういうものがあるか、人材がどこにいるかを知っておく必要があります。できればそういう人たちを日頃から知っておいて信頼関係を築いておくことが望ましい。たとえば医師に紹介する場合、以前紹介した患者がその後どういう経過をたどったかを一つの判断材料にします。「名医紹介」といった本もありますが、あまりあてにはなりません。私も載っていたことがあるのでナンですが、同業者から見て「あそこはやめておけ」というようなところも載っていますので、やはり自分で確かめておくことが必要です。

そして、誰が、どこで、どんなふうにそのクライアントとかかわっているかを俯瞰しておく。必要に応じて問い合わせの電話をかけたり、紹介状を書いたり、関係者が一堂に会する会を設定したりします。そういうことの積み重ねで、関係者が同じ方向（たとえばクライアントの生活の安定）を向いて協働できるようになれば、チームが形成されたということになります。

他職種と情報を交換したり話し合ったりする際に留意すべきことは、できるだけ具体的に「ではどうすればよいか」につながるように話し合うことです。村瀬嘉代子先生は、論文を読んでも「それがどうした」という下の句がつくような論文は価値がないと言っておられます。私はこのことばを他人の論文を読んだあとつぶやいてみることにしていますが、本来自分の論文についてもそうしなければならないでしょう。

もう一つ留意すべきことは、なるべく日常語を用いるということです。専門用語でまとめてしまったり、一般論や抽象論や理想論を難しいことばで述べていては、現場で理想どおりにゆかないからこそ苦労している人たちを当惑させるだけで、信頼してもらうことはできません。心理学や精神医学の専門用語をあてはめてしまうと、セラピスト自身わかったつもりになってしまうことがあります。たとえば、クライアントを「抱える」という用語をわれわれはよく使いますが、「抱えるってどうすることですか？」と聞かれて適切に説明することはなかなか難しいのです。いざ日常のことばで説明しようとするとどう言ってよいかわからず、自分は専門用語を知っているだけで、そのことばが何を意味しているかが実はよくわかっていないことが明らかになることがよくあります。日頃からことばを大切にし、専門用語であれ日常語であれそのことばが何を意味しているかをよく考えることが大切です。

おわりに

心理療法を実践するにあたって考えるべきこと、おりにふれて自問することが必要なこととして①自分はどのような心理療法をしているか、②心理療法を行う場所と時間について、③クライアントに傾聴し、理解することについて、④他職種と連携・協働することについての四点について述べました。そのためには心理療法の内から考えるだけでなく、外をよく見ること、外からの視点をも失わないことが必要と思います。

終ります。聞いてくださってありがとうございました。

青年期の発達課題——青年をどう理解し、どうかかわるか——

はじめに

成田：では、始めましょう。

私は、一九四一年、昭和十六年五月の生まれです。真珠湾攻撃の半年くらい前に生まれましたので、たぶんですけれど、今日おいでの方々の中では一番年長でしょう。私が学んできた精神分析のフロイトは、一九三九年に亡くなりましたので、もう少し早く生まれていれば、フロイトと同じ空気を吸うことができたのですけれども。二年くらい遅かったので、残念に思っています。

それから、いろいろな病気をして、七十歳の時にクリニックを退職し、その後は成田心理療法研究室という自分の部屋に名前をつけただけの場所で面接をやったりしています。

今日は、青年期の発達課題と病理についてお話ししたいと思います。

青年期の発達課題と病理
―青年をどう理解し，どうかかわるか―

はじめに

Ⅰ　青年期とは
思春期 puberty（生物学的概念）と青年期 adolescence（社会心理的概念）
青年期の出現は産業革命以降
おとなには理解しがたい時期

Ⅱ　社会文化状況と青年期
経済的豊かさ
教育年限の延長
欲求の即時的充足が可能になる
ファンタジーが現実に可能になる
抑圧機能の低下と相矛盾するサブカルチュアの併存
都市生活の中での個人の匿名性の保持
電子機器（テレビ，パソコン，スマホ）の発達
青年期の延長と拡散
万能感の保持
現実と空想との混乱
内面と外面の区別の脆弱化
人格の分画化，分裂
葛藤の回避

Ⅲ　発達課題と病理
1）身体との出会い
急激な身体の変化を受け入れる
性衝動の出現とそのコントロール
摂食障害，dysmorphophobia
性的非行，暴行，犯罪，人工流産
性の商品化，風俗業への抵抗感の低下，売春，JK ビジネス
2）親との距離の再調整
父母の内的表象に注いでいたエネルギーを自己と自己と似た仲間に向ける
象徴的な親殺し
秘密の保持と自我境界の確立

図１　レジュメ①

分離罪責感と躁的防衛
子離れできない親，虐待する親
不登校，ひきこもり
統合失調症，境界例
家庭内暴力，親殺し

3）同年代（同性）集団への参加
タテの関係からヨコの関係へ
相互妥当性確認　chum
所属感
比較，競争，自己愛の傷つき
いじめといじめられ
対人恐怖症，不登校，ひきこもり
バーチャルリアリティへの退避

4）現実的自我理想の形成
ある程度まとまった一人の人間として自己を自覚する
足が地についた，自分はこうなりたいという理想の形成
なりたい自分を想像する力
万能感を捨て，限界を自覚する―「夢壊し」の時期
自我理想の形成を困難にする要因
　努力すればできるはずという幻想―過程重視（cf 結果重視）
　「ダメだ」と言ってやれるおとながいない
　モデルの不在
　イニシエーションの欠如
自我理想が形成できないと
　万能感へのしがみつき―強迫，ひきこもり，バーチャルリアリティの中での万能感の保持
　モラトリアム，ひきこもり，「自分がない」
　否定的アイデンティティの形成，非行，やくざ，カルト集団への帰依
　人格の分裂，多重人格
　ツイッター，SNS，ラインなどの中でウラの自分を表出する
　発達障害の事例化―さまざまな発達課題に一度に直面する，自分はふつうでないという震駭体験

5）異性との関係の確立
恋愛の中で互いに信頼する
認められないであろう自分をさらけ出して受け入れられるありのままの自分でいられるようになる

図1　レジュメ②

彼や彼女に受け入れられて男性性，女性性が確立する
人格と人格との出会い
母親代わりと異性への愛との混合
欲求充足の手段としての異性
性の「商品化」，売春，援助交際，JK ビジネス
人格的な出会いの回避，恋愛依存，promiscuity，倒錯
恋愛はめんどくさい，草食系男子，晩婚，結婚しない，少子化

Ⅳ　青年期患者と接する治療者について

1）治療者の専門性について
「先生には医者と患者としてでなく，人間と人間として接してほしい。病気の人間が本当に求めているのはそういう関係なんです」

2）治療者の年齢について
「先生はどうせ親とグルなんでしょう。先生のような年齢の人に私の気持をわかってもらえるとは信じられません」

3）治療者の性について
「先生が女性だったらよかったのに。男の人にはどうしてもお話ししにくいことがあるんです」

Ⅴ　家族に何ができるか

親が自分の人生に正面から向き合い誠実に生きる
世代間境界を守る
父の役割，母の役割を分業しつつ，連合してかかわる
発達課題を理解する
試行錯誤を許容する
達成を評価する
「子どもだけが生きがい」にならない
青年を「おとなになるべき人」「おとなになりつつある人」とみなす
青年に迎合しない
子どもへの羨望や敵意をもつことを認めた上で，いつも愛と注意を注ぐ

参考文献

成田善弘（2004）改訂増補 青年期境界例（オンデマンド版）．金剛出版．
成田善弘（2012）精神療法の深さ―成田善弘セレクション．金剛出版．

図１　レジュメ③

午前中にⅠの「青年期とは」ということから、Ⅲの「発達課題と病理」のところまでを、後半にⅣの「青年期患者と接する治療者について」とⅤの「家族に何ができるか」ということをお話しします。

Ⅰ　青年期とは

はじめに「青年期とは」という話をします。青年をどう理解し、どうかかわったらよいかということです。私は精神科医として六十年くらい働いたのですけれども、そこでの経験をお話しします。今まで、あちこちで話したり、書いたりしたことの繰り返しが多いので、ご存じの方はごめんなさい。

まず、青年期という言葉がどういう言葉かといいますと、類似のものに思春期という言葉があります。思春期というのは、英語でいうとpubertyにあたります。これは生物学的な概念で、精神医学では第二次性徴の出現から長骨骨端線の閉鎖まで、要するに、骨の成長が止まるまでを思春期と言っています。今、申し上げたように、これは生物学的な概念ですので、文化によってそれほど大きく変動することはありません。大体、十歳、十一歳、十二歳くらいから二十歳くらいまでが思春期です。

青年期というのは、英語ではadolescence。これは、ある文化の中で若者がどういう状況に置かれていて、そこでどういう心理をもち、どういう行動をし、どういう役割を担っているかというようなことで、社会文化的な影響の大きい概念です。

したがって、社会文化によって、青年期の範囲が変わってくるわけです。現代の日本では大まかに言って、十七歳から三十歳くらいまでを指すことが多いと考えられます。

青年期という概念が出現したのは、産業革命以降だと言われています。たとえば、フロイトの有名な症例で、ドラの症例というのがあるのですけれども、このドラの症例のフロイトの記述は、ドラが思春期あるいは青年期であることを配慮していない記述だと批判されています。フロイトの理論の中には、思春期・青年期という概念は、それほど入っていない。

昔は、大人と子どもしかいなかったので、青年期というものはなかったわけですね。十三、十四、十五くらいになれば、もう大人ですね。大人になれば児童の心を去れということになっていて、大人と子どもだけということになります。現在でも、発展途上国では子どもからすぐ大人になって働かなくてはいけないでしょうから、青年期という概念は、だいぶ社会文化的影響を受ける概念です。

青年期というものは、大人にはなかなか理解しがたいと考えられています。何千年か前の、メソポタミアの遺跡から出てきた粘土板にも「近頃の若い者は理解しがたい」と書いてあるそうです。どうして、青年期が理解しがたいのかといいますと、特に近年、社会・文化の変化が非常に早いので、青年は大人とは異なる文化・社会の中で育っているわけですね。僕らの世代から見て、「俺の若い頃は、こうだった」というようなことを言っても、全然別の社会・文化の中で暮して育ってきている若い人たちには通用しない。まるで、外国人のようなものなのですね。そこに、わかりにくい理由が一つあります。

それからもう一つは、大人が、過去の青年期を非常に美しく捉えがちだということ、美化しがちだということです。これはもう古いですけれど「♬青春時代の真ん中は、道に迷っているばかり♬」という歌があります。皆さんも聞いたことがありますか？　青春時代が夢なんてあとからほのぼの思うもので、真ん中は道に迷っているばかり。そんなふうに美化しがちなので、大人は青年の実態に気づきにくいということがありますね。それから、青年というのは大人に反抗して、大人に理解されることを嫌がるということがあるかもしれません。「大人にわかってたまるか」など、わかられないことをもって自分を作っていくということがありますね。大人とは違うというアイデンティティを、青年期の人はもちがちです。

大体、アイデンティティというものができてくる最初のときは、既存の何々とは違うという形で作られていきます。今日は、臨床心理士の方が多いと思うのであえて言います。臨床心理学が勃興してきたときには、「精神医学とは違う」ということをしきりに強調されていました。それで、臨床心理の方々から、たとえば自分の診ているクライアントが精神科にかかるようになることを「臨床心理学の敗北だ」というふうに捉えていらっしゃる方もいて、近縁な学問であるのに、少し関係がギクシャクした時代がかつてはありましたよね。

臨床心理学は、精神医学とは違う。アイデンティティというものはそういうふうにできてくるのです。それと同じように、青年も「大人とは違う」というふうにできていくのですね。

一方で、大人にわかってほしいとも思っていて、これが矛盾した言動になって、大人から見ると一層わかりにくいということになります。

青年にしても、今、自分自身がよくわからないということがあるのです。そのために、大人にわかってもらえるように自己を表現できない、となって、それもまた大人から見るとわかりにくいということですね。

今日の話は、そういうわかりがたい「青年」というものを、もちろんすべてがわかるわけではないですけれど、できるだけわかろうとするときの手掛かりとして「発達課題」という概念を入れると、青年を理解する助けになるのではないかと考えて、「青年期の発達課題」というタイトルにしました。

Ⅱ　社会文化状況と青年期

次に最近の社会的、文化的状況と青年期について触れていきます。青年期は、社会・文化的な影響を非常に受ける時期です。まず、先進国では、日本もそうですけれど、経済的には非常に豊かになりました。だから、働かなくても親が食べさせてくれるわけです。でも、発展途上国では、もう十二、三歳になったら働く必要があります。

それから、教育年限が以前と比べて延長したということがありますね。そこでたくさんのことを学ばなくてはならない。私が高校に入学したとき、高校に入学したのは、六十二～六十三年前になりますけれども、高校進学率というものは四十%くらいでした。だから、中学を出て六割の人は働いたわけですね。よく、東北地方からまだ学生服を着た卒業生がたくさん上野駅にやってきて、よく新聞にも載っていましたね。金の卵などと言われていました。

今はどうでしょうか。正確な数字は知りませんが大学へ行く人も五十%を超えているのではないかと思います。それから大学院へ行く人も非常に増えた。工学部の学生などは、おそらく半数近く大学院へ行きますかね？　そのことで教育年齢が非常に延びたということはありますね。

それから、いろいろな欲求を即時的に満足することが可能になったわけです。欲しいものは、すぐに買えます。現金がなくても、今日買っても一カ月後に払えばいいという世の中になって、我慢するということがあまり美徳ではなくなりました。なんでも、カードで買うことができます。それから、かってはファンタジーであったものが、実現可能になった。たとえば、外国へ海外旅行をする、外国へ留学するということは、かつての日本人にとってはなかなか実現できないことでした。かつて、萩原朔太郎が「ふらんすへ行きたしと思へども ふらんすはあまりに遠し　せめては新しき背廣をきて　きままなる旅にいでてみん。」と謳った。今は、フランスに行きたいと思えば、すぐに行ける。外国へ留学したい、海外旅行をしたいなどということは別にファンタジーではなくなった。

それから、性的な倒錯ということも、かつては王侯貴族にだけ許されていたことなのですけれども、この頃は簡単に、金で買うことができますね。ファンタジーが、どんどん現実化するようになって、現実とファンタジーの区別がある種の青年の中ではあいまいになっていくということがあります。

加えて、社会や文化全体の抑圧機能が低下した。いろいろなサブカルチャーが取り込まれて、各々のサブカルチャーの中でそれぞれの部分人格を生きるということが可能になりました。これも少し古いのですけれども、コマーシャルで「五時まで男／五時から男」というのがあったのは知っていますか？　五時までは実直なサラリーマンとして真面目に働いて、五時になると夜の街に出て、というわけです。五時までの世界の人は、五時から男のことは何も知らないし、五時からの世界の人は、五時まで男のことを何も知らない、そういうことが可能になった。要するに、それぞれのサブカルチャーの中で部分人格を生きるということが可能になった。これは、都市生活の中で個人の匿名性が保てるようになったということが大きな理由ですね。

たとえば、農村で隣近所の人は何をしているかということが、二十四時間わかっているような社会では、それぞれのサブカルチャーの中で部分人格を生きるということはしにくいわけです。周りは二十四時間見ていますから。

それから、さらに最近はいろいろな電子機器が進歩しています。テレビやパソコン、スマホなど。それに、ＳＮＳが異常に進歩していますね。そういうものが進歩しますと、面と向かっては言えないことを、そういうものを通じて自由に発信することができます。自己開示がしやすい時代が来たのですね。

昔なら、しばらくは心の中に入れておかなくてはいけないことまで、容易に発信できるようになってしまったわけです。外で話す言葉と、心の中で考える言葉との差異がなくなってきた、心の中で感じたことをパッと発信することができるようになってしまった。

そのことで、内界と外界の区別というのがなかなか付きにくくなったと思います。昔は、手紙を書いた場合も一晩寝かせてから出せ、と言われていたくらいです。感情に任せて書いた手紙はそのまま出すとえらいことになるから、一晩寝かせて冷静になってから出せ、と。今は、そんなことはない。思ったことをすぐにSNSで発信できてしまう。

もっとも、僕はパソコンに触ったことがありません。今日のレジュメも、前半は昔勤めていたクリニックの若い方に作ってもらって、後半は編集者に作ってもらって。私は手書きの原稿を渡しているだけです。なので、こういうことを充分には理解していないのですけれども。患者の話を聞くと、どうやらそういうことらしい。

容易に内界を暴露することができるということは、それぞれの人が発信することができて、またそれを通じていろいろなコミュニケーションができるようになったという面もあると思います。だけど、青年期というのは、自分の内界を心の中に入れておくということがなかなか難しい時期なので、そういう時期にそういうものが使えてしまうと、危険なことがある。

思ったことをパッと表に出してしまうことで、酷い目にあったり犯罪に巻き込まれたり、炎上というのですか、そういったことが起きますね。でも、それが日常になってそういう社会に住んでいるので、この頃の患者さんの話を聞いていると、実際に会ってよく知っている人の話なのか、ＳＮＳで素性や顔なども見たことのない人の話なのか、少し聞いただけでは区別がつかないことがあります。

そういうような世の中になってくると、青年期の定義を延長せざるをえません。僕が医者になったばかりの頃は、青年期は大体、大学を卒業するまで、そのあとは成人期。笠原教授、皆様ご存じですか、笠原嘉先生という私の二番目の先生です。一番目の先生は、伊藤克彦先生です。笠原教授が名古屋大学に来られたとき、ちょうど私が助手しておりまして。笠原先生が「青年期は、三十くらいまでだ」と言われたので、その当時はびっくりしました。青年期の患者は「三十くらいになると、落ち着くよ」と。

最近では、三十歳の成人式などというものをやっている地域があるそうです。青年期の延長ということは、もうだいぶ前から言われているのですけれども、要するに、いつまでたっても青年期心性を残している人は、いまもたくさんいる。どこまでが青年期かということが判然としない、そういう時代になったのですね。

そういう時代になったというのは、万能感を維持するということが可能になっている。つまり、「いずれできるはずだ」と思って、何もしなくても生きていけるということになった。

しかも、バーチャル・リアリティというのですか、パソコンの中で、自分の欲求を満足させることができる。

しかし、世の中というものは厳しいもので「思い通りにはいかない」ということを実感するのは大事なことです。ですが、それらをほとんど先送りにできるような世の中になってきたわけですね。それから、内面と外面の区別が脆弱化して、以前なら心の中で思っていても口には出してはいけないことがあったのですけれども、その場ですぐに口に出してしまっても許されるようになった。

あとは、さっきも申し上げましたとおり人格の分割化や分裂ということが可能になったのですね。のちほど、自我理想の話をしますが、そこでも触れると思います。

私が女子大にいた頃に、学生相談室を作ろうということになりました。それまでは学生相談を研究室でやっていた。そのときの話です。相談に来た学生が深刻な顔でいろいろな話をしているところへ、別の学生が入って来たことがあるのですが、そうしたら、その相談に来ていた学生が「ああ、○○ちゃん、久しぶり」などと言って、急に明るい声を出し表情も明るくなった。

「今、面接中だから」と言ったら、入って来た学生は出ていきました。そうしたら、相談に来ていた学生の顔が、またたんだん深刻な顔になったので、僕が「表情がよく変わりますね」と言ったら「さっきのは、友だちバージョンの顔です」と言うのです。続けて「また、相談室バージョンの顔に戻りつつあります」と言うので「ほかにもバージョンがあるの？」と聞いたら、母親バージョンやバイトバージョンなどというものもあると言っていて。それぞれの場面において、バージョンがある。

私が、「意識してそうしているの？」と聞いたら「意識はしていない、自然にそうなる」とのことでした。その学生は、母親バージョンやバイトバージョンなどをいろいろと駆使して適応しているので、バージョンがあるということは不適応的ではないのですね。しかし、しばらく会っているうちに「本当の自分がわからない」などと言い出しました。そういうことがある。

それに伴って、解離性人格、多重人格やボーダーラインなどの分裂もそうでしょうけれど、そういうものが増えてきたのではないかと。そういうふうにふるまうことによって、本人は葛藤を回避することができます。こういう気持とああいう気持とが両方あって、心の中で葛藤して苦しむということはなくなって、こういう気持のほうはこっちで実現し、別の気持のほうはあっちで実現するということが可能になったのですね。

以上で、社会文化状況と青年期という話を一旦まとめたことにしましょう。

Ⅲ　発達課題と病理

次に、「発達課題と病理」という話をします。青年が達成し、乗り越えなければならない生物学的、心理学的、社会的課題から大まかにレジュメにある五つの課題を考えました。

一つは、身体との出会い。身体が急激に変化しますから、それとどういうふうに向き合うか。それから、親との距離の再調整。親から自立するということは、よく言われることですけれども。自立を強調すると孤立につながってしまうので、私は、親との距離の再調整という言い方をしています。

それから、三番目は同年代集団、特に同年代の同性の集団に、どういうふうに参加するかという課題。四番目に現実的な自我理想。ある程度まとまった一人の人間として「自分はこうなりたい」という理想を形成するという課題。それから五番目が、異性との関係をつくるという課題。

大まかに言って、青年期にはこれくらいの課題があると考えました。

一、二、三、四、五というのは、発達的に早期のものから後期のものへと並べたつもりです。現実にはこの順番に起こるわけではなくて、同時並行的に行ったり来たりしながらそういう課題に直面していくわけです。われわれ大人は青年がどういう課題に直面しているか、そこでどういう困難に直面しているか、それを乗り越えるようにどう援助したらよいのかを考えなければならない。

1　身体との出会い

まず、最初に身体との出会い、青年期に身体が急速に変化する、そういう身体をどのように受け入れていくのかという課題があります。まず、思春期になると急に体が変化し背が伸びたりといった、第二次性徴が出現します。女の子なら、女の子らしい体つきになる、初潮があるなど。男の子なら、声変わりする、発毛するなど。それから、性的な衝動が出現します。

青年たちの中には、今までの身体から急に変わっていくことに対して非常に不安になったり、自分の身体が醜いものだというように認識する人もいます。たとえば、醜形恐怖ですね。自分の体は、とても人間とは思えない、自分の目や鼻の形が非常に醜い、ブスである、などです。

約六〇〇年くらい前の世阿弥という能役者に、『風姿花伝』という本があって、その中に「年来稽古條々」という部分があります。「一七〜一八の頃より、まず、声変わりぬれば、第一の花は失せたり」その文章を山崎正和さんの現代語訳で紹介しますね。まず、「変声期に入るので十二〜十三歳の頃にあった第一の花は失せてしまう。体つきも腰高で不安定な感じになるから風情がなく、かつて声や姿が美しく華やかで演じやすかった頃とは演技の方法も大いに変化したので、本人も意欲を喪失してしまう。観客がおかしそうにしている気配が見えるので、恥ずかしさを感じたり、あるいは嫌気の差してしまう年頃なのである」これは、役者が思春期・青年期に入ったときにこういう経験をする、ということを書いたものですが、要するに、青年期になって自分の身体が醜いと体験するのだということを、六〇〇年前にすでに指摘している文章です。つまり、青年期には醜形恐怖や、嫌な臭いを出していると思う体臭恐怖、それに代表的なのは、摂食障害。これは女性に多いですが、自分の体が女性的に変化していくことが耐えられなくなって、すごく痩せていても、自分のある部分をさわってブクブクと母親のように肉が付いている、と感じる。身体像が歪んでしまうわけで、拒食過食、嘔吐したり、下剤や利尿剤を乱用して自分の身体をコントロールしようとする。これは、最近、非常に増えました。私が医者になったばかりの頃は、神経性食思不振症というものがあって、そういう人が来ると、珍しい患者が来たと思いました。今は、たくさんありますね。拒食だけではなくて、過食もたくさんある。過食して太っているかというと、太っている人もいますけれど、過食しても吐くので痩せている人もいます。

現代の文化の中に、痩せていることを美しいとする傾向があるわけですね。フランスの画家の、ルノワールだったでしょうか、太った女の人を描く画家です。今、われわれが見るとえらく太っていると思うけれど、昔はあれが「美の典型」でした。現在だと「痩せていれば美しい」そういう文化的な風潮がありますね。

それで女性がその風潮に合わせてしまう。つまり、男性が見る、女性が見られるという図式にとらわれて、見られる性の女性が美しくなろうとすると、痩せなくてはいけないということになってしまうわけですね。

女性を誉めるのに、才色兼備という言葉があります。才能もあるし美しい。男性の誉め言葉でこういうものはありません。イケメンで能力の高い人のことを表す、才色兼備に匹敵するようなうまい言葉はないのです。それは女性が見られる性であるということとたぶん関係がある。それで、女性は身体を内から生きるのではなくて、外から所有してコントロールする。自分の身体を車やブランドもののバッグのように所有しコントロールしようとするわけですね。僕が思うに、現代の社会はまだなんといっても男性がコントロールしている。女性がコントロールできるのは、どうも自分の身体だけだと。女性の地位が今よりも向上して、社会をコントロールするような時代になったら、たぶん摂食障害は減るだろうという予想を立てているのですけれども、そういう社会になる前に僕が死んでしまう。そうなったら、自分の予想を確認することができない。残念です。

それから、アスリートの中にも摂食障害の方がたくさんいます。告白している人もいますね。おそらく、自分の身体であっても自分ではないという感覚が強いのだと思います。

自分の身体を、母親と同一視しているという説もあります。僕はこれを初めて読んだときに、自分の身体を母親と同一視して母親と戦うというのは、あまりにも思弁的で感心しなかったのですけれど。

私は、総合病院で腎臓移植の患者さんにたくさんかかわりました。特に、お母さんから腎臓をもらったという人にたくさんかかわったのですけれども。お母さんから腎臓をもらったある女の子は、移植のあと尿が出始めると「お母さんの腎臓が、頑張ってくれている」と言う。自分の身体の中にすでに入っているがお母さんの腎臓、元々非自己であったものを自己のものにするプロセスの途中過程で、移植された腎臓をお母さんと同一視しているのですね。その後その腎臓が働いて持続的に自尿がでるようになるとだんだんお母さんの腎臓とは言わなくなります。われわれが自分の臓器のことを気にかけないのと同じになります。

要するに、非自己を自己のものにするプロセスの途中で、そういうことがある。摂食障害の人が、自分の身体を母親と同一視するというのは自分の身体、自己であったものが非自己化していく途中の体験ではないかということを考えたことがあります。少し、余談だったかもしれません。

そして、この頃は摂食障害と心的外傷の関係が重視されています。特に、ネグレクトや性的な外傷などとの関係が重視されています。アメリカの研究などを見ますと、摂食障害の人の多くは、性的外傷経験がある。性的外傷の人が、外傷を受けているときに身体をまるで自分のものでないように体験するということで、その外傷を乗り越えようとするわけです。そういうことが、あるのではないかと。

それから、そういう人は外傷を子どもの頃に受けていても、子どものときから性的外傷を受けたと言っているわけではないのです。青年期になって、性に目覚めると過去のあれは性的な外傷だったというふうにわかるというか、性的な外傷だったというふうに捉え直しをすることがあるのですね。これを精神分析では事後性といいます。性的に目覚めると、過去のあれは性的な外傷だったというふうに捉えて、摂食障害の人が実は外傷があったということを告白するということはよくあることです。

だから、周りが自己の身体の変化を肯定的に受け入れられるように接するというか、特に親の態度は、非常に重要だと思います。たとえば、初潮のときに親がどういうふうに対応したか、あるいは、娘が少し女らしくなってきたときにどう対応したのか。大人が子どものそういう性的な変化をどう取り扱うかということが非常に重要なことになります。

それから、性衝動。体の変化と共に性衝動が起こってくるので、これをどうコントロールするかということが重要なテーマになります。うまくいかないと、性的な非行や暴力、犯罪や売春など、そういうことに出てくるのですけれど。うまくいく場合の一つは、親がそのような身体的・性的な変化を肯定的に受け止めるということと、同年代の間で話し合うこと。要するに、友だち同士で下ネタで盛り上がるということですね。こういうプロセスを経て、出てきた衝動を受け入れられるようになるのではないかと思います。この問題は、あとの異性との関係の確立のところで、もう一度取り上げます。

2　親との距離の再調整

それから、親との距離の再調整ということです。自立自立、とあまり言い過ぎると孤立になってしまう。親との関係は現実にも内的にも生涯続くわけですので、距離の再調整をしたほうがいいと思うのです。それまで、両親の内的な表象に注いでいた心のエネルギーを引き上げて、自己と自己に似た仲間に向ける。要するに、縦の関係だけではなくて横の関係にも心のエネルギーを向けるということが必要になります。

そして、同年代集団に参加する。同年代集団に参加するということと親との距離の再調整ということは、多くの場合同時並行的に起きます。親に何もかもを言わなくてもよくなる、親に秘密ができるのですね。心の中のことは、言葉にしない限りは誰にもわからないということがわかってくる。それを、自我境界が確立するというふうに分析では言います。

自我境界とは身体でいうと皮膚のようなもので、皮膚の内部のことはわからない。心の中のことは、しゃべらない限り誰にもわからないということがはっきりわかってくる。もっと小さな子どもは、しゃべらなくてもお母さんは自分のことをみんな知っていると思っているわけですね。こういう自覚ができてくるということが非常に大切です。親が青年の秘密をある程度尊重してやることが大事なことで、心の中に秘密があって相手がこれに関心をもっているのだけども、それを話すか話さないかは自分の判断だという体験は非常に自尊心を高める体験です。

だから、青年にそういう体験をもてるようにしてやらないといけないわけです。子どものことを根掘り葉掘り、みんな知っていないと気が済まないという母親はこういうことが難しい。昔から統合失調症、schizophreniaには秘密が保てないというふうに言われています。統合失調症の方は自我境界《エゴバウンダリー》の透過性が高い。たとえば、外から心の中まで見透かされてしまうといったように、心の中が筒抜けになって外に知られてしまう、外から心の中まで左右されると思っていることが多いです。そのように自我境界の透過性が高いのが、統合失調症の特徴だと言われています。

私が診ていた、ある統合失調症の女性ですけれども。男性と仲良くなるというか、男性と交際するとすぐに過去の外傷体験をしゃべってしまうのですね。そうするとその男性がびっくりして離れてしまう。僕はその女性に「そういうことは、本当に話していいときがくるまで黙っていたほうがいいんじゃないの」と助言をするのですけれど。彼女が言うには「黙っていると、とても恥ずかしいのでしゃべってしまう」のだそうです。

つまり、黙ってそこにいると全部見透かされてしまって、まるで人混みの中に裸でいるような気持になるので、ついしゃべってしまうらしいのですね。統合失調症の人には、そういう体験をもっている人が多いですね。統合失調症の人は、嘘をつく能力というものがあまりないですから。精神科医は、大抵、統合失調症が好きですね。神経症が好きな人は、めったにいません。

境界を作るには自分の部屋、自分の個室をもつことが大切だという意見があります。確かに、心理的に境界があいまいだと、物理的に境界をつくらざるをえないことになります。たとえば、統合失調症の人は、昼間でも自分の部屋に閉じこもって雨戸を閉めちゃう、鍵をつけるなどということがあります。外からの侵入を防ごうとする。

僕は、ボーダーラインの患者の経験が多かったのですけれど。ボーダーラインの患者に「自分の部屋があるか」と聞くと、「一応あるのだけど、親のタンスも置いてあるので親がよく入ってくる」、「ベランダに出るのに、どうしても通らないといけないところに自分の部屋があるので、親が通っていく」などという説明をする患者が多かったですね。僕が子どもの頃は終戦後ですから六畳一間に五人くらいで寝ていたので個室なんてあるわけがないです。だけど、この歳になるまで統合失調症にはなりませんでしたので、本当に個室が必要かどうかは疑問に思いますけれども。しかし、個室はどうやらあったほうがいいらしいです。

それから、親との分離を困難にする理由の一つに、分離罪責感というものがあります。親から分離していく、親から自立していくと、親を寂しがらせるのではないかなどと思う子どもがいるのですね。これは、われわれには慣れ親しんだ概念です。たとえば、弟子が師匠から自立していくときに、師匠のもとをさると師匠が寂しがるのではないかなど。

スーパーバイジーがスーパーバイザーから離れたいと思うときに、なかなか切り出しにくい。師匠が気を悪くするのではないか、などと思うのですね。患者さんにも、それはありますね。もう先生から離れたいのだけど、先生に悪いような気がしてと言われる方がいます。そういうふうに分離罪責感というものはあるらしい。

だから、子どもが親の庇護を離れて広い世界に出ていくときに、親が喜んでやるということが非常に大切です。「もう、お母さんは必要ないのか。そんなら、どうなっても知らんよ」というような態度を取らないようにしないといけないわけです。子どもというものは、離れたいと思っていてもときどき戻ってきて親からの変わらない補給、情緒的供給を必要とします。

だから、自立してどこかへ行くのだけれどもときどき戻ってきて補給してもらわないといけない。それは親から見ると矛盾しています。でもこの両方に対応してやることが大事なことで、甘えてくるときにはきちんと甘えさせてやって、自立していくときには喜んでやるということが必要ですね。

この頃になると、親も特別な人間ではなくて普通のおじさん、おばさんだということがだんだん子どももわかってくる。僕は子ども時代は「お父さん」「お母さん」と言っていたのですよ。ところが、あるとき友だちと話をしてるときに、「親父《おやじ》」「お袋」というように変わった。それってだいぶ感じが違いますね。そういう呼び方も、最近の患者は、「親父」「お袋」とは言わずに「あの人」「あいつ」「くそばばあ」とか言うことが多い。そういう呼び方の変化、それから、親からそそぎこまれた考え方や価値観を、それは本当の自分のものではないとして、一旦、排除することが必要なことですね。これを「象徴的な親殺し」というふうに言います。親からの考え方や価値観を自分のものではないとして排除する。象徴的な親殺し。だから、親というのは象徴的にうまく殺されることが必要なのです。象徴的にうまく殺されないと、あるいは殺すことができないと、現実の親に暴力を振るったり、実際の親を殺害する、などということになる危険性がある。あるいは、そういうこともできないと、自分が引きこもりになったりするわけですね。

少し、余談ですけれど、この間週刊誌を見ていたら川柳が載っていたんです。「この歳で

未婚貧困　まだマザコン」というのがあって、なるほどな、と思って感心してしまいました。

親から離れるときに、子どもが心細さや寂しさや「分離罪責感」を感じてそういうものに浸っていたら、成長することができませんよね。だから、子どもというのは、そういう寂しさや分離の罪責感を否認して、親の価値を引き下げる。それで外の世界で活動的になるということをやります。それが躁的防衛ですね。

躁的防衛は、親の衰えを容赦なく指摘する。親というのはおそらく生きていくためにいろいろ屈しなければならないことがあるのですけれども、そういったものを軽蔑する、などですね。そういうときに子どもは親の傷つきや悲しみには気がついていない。青年というのは、加害者なのですね。けれども、青年の多くは自分は加害者だとは思っていなくて、大体が被害者だと思っています。悪いのは親だ、教育だ、政府だなどと言って、自分は悪くないと言う。青年期を本当に脱するときには、自分の加害性というものにある程度、気がつくようになることが必要で、そのことに気づいていくことが青年期を脱して大人になる大事な過程だと思っています。

青年の親からの距離の再調整を困難にする理由のもう一つは親の方にあります。親が子離れできなくて、過保護、過干渉になって「あの子のことは、私が一番よくわかっています」「あの子のことが、心配で心配で……」などですね。私が見ていていた、ある患者の親御さんの手帳を見せてもらうと、左側に自分のスケジュールが書いてあって、右側に娘のスケジュールが全部書いてあるのです。だから、親がその手帳を見ると、自分のスケジュール、娘のスケジュールが全部わかっている。それが、子離れできていない状態ですね。以前、エンプティ・ネスト・シンドロームという言葉がありました。「空の巣症候群」といって、子どもが離れていくと親が寂しくなって抑うつ的になってしまう。私がまだ若い頃は、こういう過保護だったり過干渉だったりする親が非常に多かった。今でも多いと思いますけれど、最近は虐待する親というのが、結構、出てきていて。子どもを自分の所有物のようにして、自分の感情のはけ口にするという、親が増えましたね。

ただ、この過保護、過干渉と虐待というのは、スペクトラムの両端にあるようですけれども、実は、子どもは自分とは別の人格であることを認めにくいという共通点をもっている。子どもは自分とは別個の人格であるから、それをすべて理解したりコントロールすることはできない存在である、そういう認識がもてないという点で共通しているのではないかと思いますね。

ただ、こういう講演会にときどき一般の方が聞きにこられる場合があって、それはだいたい過保護、過干渉の親です。虐待をしている人は自分に「虐待をしている」という自覚のない人が多いですから。私が過保護、過干渉の親にどう言っているかというと「自分の子どもだと思わないで、親戚の子どもを預かったつもりでやりなさい」と。親戚の子どもだったら、少しは遠慮するでしょ。そうすると子どもとの距離がちょうどいいふうになることが多い。

この頃は、嫁・姑の問題もいろいろと変化してきていますね。姑さんが「嫁のやることが理解できないけれども、そのことを言うと嫁にいじめられるから、どうしたらいいのか?」と言って相談にくることがあります。そういうときには、「日本人の嫁さんだと思うと腹が立つから、外国人の嫁さんだと思いなさい。嫁さんの育ってきた社会・文化は全然違うのよ。外国人だと思えば、嫁さんの言うことが理解できなくても、そういうこともあるのかなと思えるでしょ。そのうちに、外国の文化を理解しようという気持になるかもしれないから、外国人の嫁さんだと思いなさいよ」と助言しています。そうするとたいていの人は笑い出しますが。笑い出すだけでもましですかね。

3　同世代（同性）集団への参加

次に、同年代の同性集団への参加、ということですね。タテの関係からヨコの関係に入るということと親子の分離とは、しばしば、並行して起こります。この同年代同性集団への参加の初期は、ハリー・スタック・サリヴァンという人が言い出した、chum（チャム）ということですね。chumというのは、思春期の男の子の非常に親しい友だちということですね。我々の宝物、我々の先生、我々のなんとかなどというふうに、いろいろな経験をシェアする。シェアしながらお互いに相互妥当性確認（consensual validation）をする、それがchumですね。

たとえば、思春期になって変なところに毛が生えてくると、一人でいると不安なわけです。「こんなところに毛が生えてきて大丈夫か？」。ところが、chumと話をしたり一緒に風呂に入ったりすると「なんだ、お前もそうか。じゃあ、俺たちは大丈夫だ」というふうに、これがconsensual validation（相互妥当性確認）です。ちょっと余談ですが、サリヴァンっていう人は女性が嫌いな人で、看護師もすべて男性を採用していた。だから、同性愛だったなども言われています。それで、chumという概念を作ったのですね。皆さんはサリヴァンを読みますか？　私が医者になった頃は、サリヴァンは必読でした。まだ中井先生の翻訳も出ていなかった頃です。英語が難しくて、もう本当に難渋した。中井久夫先生の訳が出て、それを読んだら「ああ、こういうことが書いてあったのか」というのがよくわかりました。非常に、いいですね。皆さん、最近の人は読むか読まないか知らないけれども。たとえ、英語が読めても中井先生の訳を読むのがいいでしょう。

翻訳本を読んで訳がわからないと、原文を読むと意味がわかるということがときどきある。でも、サリヴァンに限っては、原文を読んで訳がわからなければ、中井先生の訳を読むとよくわかります。アメリカ人の精神科医の誰かも「サリヴァンの英語はわけわからん」と書いてあったので、僕は英語は弱いのだけれど、そうなんだと思います。

話を戻しましょう。それで、僕が女子大にいたときに、女の子はchumでなくて三人組や五人組を作ることが多いような気がするのだけれど、女の子にchumの説明をして「chumはあったか？」と聞いたら、結構、手を挙げる学生が多かった。だから、共通した情緒があるのかもしれない。だけれど、女性は三人組とか五人組の中で、その仲間外れを非常に怖れている。だから、グループの拘束力というのが強いのかな。たとえば、三人組の一人が少し成長が早くてボーイフレンドができると、あとの二人がなんとかして、元の三人組を維持しようと思って努力するというのも、女性特有かもしれない。そういう所属感をもつということが、特に同性の集団の中で大事なことです。情緒的に繋がりのあるグループの一員なのだというふうに思う大きな仲間としては、クラス、部活などといろいろな種類があるけれども。そういう、グループに所属できないと非常に悩む。その所属感が大事なので、いじめられているのになかなか仲間から抜け出せないという人もときどきいる。

うまく入れない人は、どういうふうになるかというと。「かけがえのない関係」ではなくて、すぐに代わりが見つかるような「部分的表層的な関係」しか結べなくなる。そういう人が、悩んで患者としてよく来ます。部分的表層的な関係しかもてないと。そういう人に私は「生きていく上で大切なのは、部分的表層的な関係だ。親友などというのは、生涯に一人か二人、幸運な人にできるものだ」と。だから、「部分的表層的な関係を大事にしていきなさいよ」と話します。部分的表層的な関係を大事にしていると、運がよければ親友ができるわけですね。運がよければですけれども。

余談ですが、エリクソンのアイデンティティという概念の中でも、所属感というのは非常に重要視されています。所属するということが大事。それがうまくいかないと、暴走族であったり、カルト集団だとか、そういう「所属感」を表面的に提供してくる集団に入ってしまう。ＳＮＳやＬＩＮＥも、所属感を満たすものですよね。たえず承認されていないと自尊感情がおかしくなってくる。私にはよくわかりませんが。

次に思春期。家族の中にいる子どもは、特に一人っ子はそうですが、家族の中で、子どもは自分が自分であるだけで認められますね。ところが、同性集団の中では何かができないと認められません。たとえば、勉強ができる、運動が得意、けんかが強いなど、そういう何かがないと認められない。

そこで、比較、競争が生じます。大人としてすべきことは、比較、競争の場をなるべく増やしてあげることです。受験勉強だけが激しいと、勉強だけが比較、競争の場になってしまう、運動だけだと、走るのが速いのか遅いのかということだけになってしまったり。比較、競争で負けてしまうと、ものすごく傷ついてしまう子もいる。だから、そういう場はできるだけたくさんあった方がいいです。思い詰めてしまうと、自分が価値がない、見捨てられた、などと思い、あるいは自殺、などそういうことにもなりかねません。

あるいは、逆に、比較、競争の場に臨むことを回避する、引きこもりや不登校、アパシーなど。とにかくバーチャル・リアリティの中だけで、勝利者になるということもありますね。現実という場から退避する。要するに、自己愛の傷つきを防いで、競争のないところで、やればできるはずだという万能感を持ってしまう。引きこもり、不登校になっている人の中にはこういう心理の人がいます。舞台に上がるのが怖くて降りてしまう、ということですね。

こういうふうな比較、競争の場を、できるだけ多面的にしたり、同性集団への参加を促すような場所を提供するのが我々の大人の役割ですね。学校もそうでしょうけれど、学校、部活、ボーイスカウト、ガールスカウトなど、あるいは地域の運動クラブなど比較、競争の場をいくつか提供して、そこに参加できるように促すというのが大事なことでしょうね。

4　現実的自我理想の形成

四番目の「現実的自我理想の形成」というのは、ある程度、まとまりのある一人の人間として自分を自覚して、現実的で足が地に着いた、自分はこうなりたいという理想や目標を持つということです。アイデンティティというのに近いかもしれません。氏原寛先生と、私は非常に幸運なことに椙山女学園という大学で四年間一緒に仕事をすることができました。氏原先生の論文の中に、思春期は「夢壊しの時期」だと書いてある。これは、大事な発見だと思いますね。巨人の四番バッターになると言っている青年はたくさんいるけれども、現実になれる人間は限られているので、どこかで自分は実業団の六番か草野球の二番だなというふうに夢を壊さないといけない。それが、思春期です。俺は、巨人の四番バッターの器ではないというふうに限界を自覚して万能感を捨てる、自己愛の傷つきを乗り越えるということが必要だという主張です。これは、全くそのとおりですね。現代の若者は、こういう現実的な自我理想がなかなかもてない。自分がこうなりたいのだという、足が地に着いた自己像をなかなかもちにくい。その理由が、いくつかあるのです。

先ほどから言っていますけれども、万能感をもったままでも生きていける、何にもしないで引きこもっていても、食べさせてもらえるので、万能感がいつまでも捨てられない。万能感を捨てて、自我理想を形成することができないと、恥ずかしいという意識がなかなか発生しません。だから、僕の経験だとこの頃の青年で恥ずかしいと言う人は少ないわけですね。最近は「ムカつく」「怖い」などと言いますね。ムカついて切れてしまう。恥ずかしいという人は、減ってきた。

要するに、自我理想がうまく形成されるとその理想にいまの自分が及ばない、というところで恥の意識が発生するわけです。それがうまくできないと、恥ずかしいではなくて怒りが発生します。だから自己愛的な人はよく怒るのです。それから、自我理想が形成しにくい理由の一つに「駄目だ」と言ってやれる大人が減ってきた。これは、本当にそう思いますね。努力次第だというふうに、結果ではなくて過程を重視することがよしとされています。僕が、孫の小学校の通知表を見たら「頑張りましょう、頑張りました」の二つしかなかった。皆さんは、どういう世代で生きてきましたか？　僕の子どもの時代は五段階評価でした。「大変よい、よい、普通、あまりよくない、よくない」。それ以前は、「大変よい、よい、普通、悪い、大変悪い」だったような気もするけれども。だから、いわゆる駄目だということを言ってくれる大人がいた。運動会の順位をつけないというのも、どうなんでしょうか。僕は運動が苦手で運動会は非常に憂鬱だったのですけれども。徒競走は、いつもビリでした。それでも、順位は付けた方がいいと思います。

それから、これも余談ですけれども。僕は、碁が好きなのです。だから、名古屋大学医学部卒業ではなくて、名古屋大学囲碁部卒業と言われる方がいい。よく医学部を卒業できたなと自分でも思いますけれど。大学時代は毎日碁を打って、三十代はだいぶ強かったので、プロになりたかった。部の一年先輩の西条という男は、退学してプロになりました。それから、最近ですと、京都大学医学部を卒業して医師免許を取った途端にプロに転向して飛付五段になった坂井という人がいます。僕もプロになりたかったですねえ。だけれど、どうしてなれなかったかというと弱かったからです。院生というのが、いるのですよ。プロのたまごの院生というのがいて、小学生や中学生が多い。彼らと打つと初めは僕のほうが強いけれど、しばらくすると追い抜かれる。才能の差が自然と出てくる。だから、自分は駄目だということが鮮明にわかるのです。おかげで、プロにはなれず、精神科医になったのです。氏原先生にその話をしたら「お前はプロになっても、せいぜい万年三段くらいだろうから、精神科医になってよかったんだ」と言われましたけれど、今でも残念ですね。でも中には、自分は駄目だということが生涯わからずに終わるという幸せな人もいます。

僕、最近、スーパーバイザーやっているのですけれど。スーパーバイジーに「あなたは、サイコセラピストとしては駄目だ」と言ったことは一回もない。そんなことを言って泣かれたら嫌ですし、よく考えてみると自分がそういうことを言う資格があるかどうか、などいろいろ考えてしまって駄目と言ったことはないです。でもどこかで、駄目だと言ってくれる大人がいないと、万能感が捨てにくいということがある。教育の日常では、過程を重視して結果を重視しない文化があるのに、現実の世の中は過程ではなくて結果で評価されます。これは、あたり前ですね。たとえば、私がプロ野球の監督だとして、真面目で人柄がよくて人一倍練習するけれど試合では打たないという人と、練習サボってお酒飲んで朝帰りするけれども試合では打つという選手がいたら、試合では打つほうを使うに決まっていますよね。つまり、世の中は結果で動いているのに、小学校の成績表はそのことを直視させないようなものになっている。もし中学受験をするならば、一遍に結果を重視するという現実に直面しなくてはならない。現実的な自我理想を形成するには懸命に努力しないといけないのですね。

名古屋マラソンというものがあって、私どもがセミナーをやっている会場の前に、名古屋マラソンのコースがあって、ちょうど昼休みのときに選手が会場の前を走るのです。だから、それを見ていた。見ていたら、高橋尚子さんと何人かが走ってきた。あくる日新聞を見たら、高橋さんに負けた人のコメントが載っていた。「高橋さんのスパートについて行けなかった。

力の差を感じました。すごいなと思った」これが素晴らしいコメントでした。懸命に努力して、高橋さんに近いところまで行ったからこそ、高橋さんがスパートしたときについて行けないという自分の限界が明確にわかったということですね。懸命に努力して、高橋さんの近くまで行かないとそういうことはわからない。このコメントを言った人はその後、別のマラソンで優勝したかと思いますね。

たとえばこのときに、ドリンクを取り損なった、風邪気味だった、やじに動揺したなどという言い訳を言って、現実の自己の限界を直視しないと、これからどうしたらいいかという具体的、現実的対策は出てきません。それは現実的な自我理想にいかないということですね。

人生というものは、限界の自覚の連続ですね。また氏原先生の話ですが、氏原先生の思春期の論文を読んだら、先ほど書いたように「思春期は限界の自覚の連続だ」と書いてあって、中年期の論文を読んだら、中年期もやはり限界の自覚の連続だと。私の好きな小林秀雄は、「三十歳にして自分の凡庸を悟った」と言っています。本当に自分の凡庸を悟って限界を悟るのは、もっとあとでしょうね。老年期ですね。老年期になると「まあ、俺はこのくらいだな」というふうにいやでもわかります。ただ、僕は碁のおかげで限界を自覚するのが比較的早かったと思います。

それから、現実的な自我理想ができにくい理由のもう一つは、モデルの不在ということです。青年から見て「あんなふうになりたい」という大人がいなくて「あんなふうにはなりたくない」という大人が多いわけです。だから、現代の青年は本当に相手を理想化して傾倒するということがヘタというか、なかなかしにくい。

親鸞は、「たとえ法然聖人にすかされまいらせて、念仏して地獄に堕ちたりとも、さらに後悔すべからず候」つまり「法然聖人になら、騙されて地獄に堕ちても、なんら後悔しない」と断言しています。聞いたことがありますか。これが、傾倒ということです。親鸞は、法然聖人に自分には測ることができない価値がこの人にはある、という予感をもったというか、信頼をもったわけですね。だから、法然聖人の人格に傾倒した。そういうふうに、信じる自分の人格もまた信じたということですね。

こういうことが現代の青年には難しい、モデルがいないのです。これは、現代の大人がだらしないという面もあるかもしれないけれども。必ずしもそれだけではない。たとえば、江戸時代の大工の棟梁とその息子を考えてみると、その息子は一所懸命努力して、父親のような大工になれば「立派な棟梁」となるはずです。

私の息子は幸い、医者にはなりませんでしたけれども。仮に医者になって、私のような医者になったら、もう全然使い物になりません。私はパソコンに触ったことがないのですから。統計も知らないし、英語は読むほうはなんとかなるけれども、しゃべったり書いたりはからっきし駄目です。英語の論文で質の高い論文を出していないと、研究の分野では通用しません。だから、私のような医者になったら使い物にならないわけですね。それが、江戸時代と違う。江戸時代にはそういうモデルが身近にいたものが、現代は「モデルの不在」ということがありますね。

それから、もう一つは、通過儀礼がないということがある。通過儀礼、イニシエーションですね。ある試練を乗り越えると、一段高度な水準に達するという通過儀礼がない。昔だったら、たとえば兵役が一つの通過儀礼だったのです。韓国にはいまでも兵役制度がありますね。先日、韓国の若い精神科医と話をする機会があったのですが、兵役のことは絶えず彼らの念頭にあります。兵役が終わってはじめて真の大人。

私が若い頃にはそういう制度がなかったから、若い頃の通過儀礼の一つは自動車教習所でした。自動車教習所に行って、そこの先生に散々ひどいことを言われて泣きながら免許を取ったものなのですけれども。最近の人に聞くと、「生徒は大事なお客さんだから、先生からは何も言われないですよ」という。みんなちやほやされて喜んでいる。もう一つはセックス、性交。性交をすると、なんだか大人になったような気がしますね。だから自動車教習所と性交、この二つが通過儀礼だった。名古屋では、自動車教習所のことを「車校」（自動車学校）と言うのですが、関東では、言わないらしいですね。この二つが車校と性交で、ごろ合わせがうまくいって私は喜んでいたのですけれど。関東の人に、自動車教習所を車校と言ってもピンと来ないのは残念ですね。

いま、そういう通過儀礼にあたるものを探してみると、精神分析の世界での訓練分析、これがある程度の通過儀礼ですかね。それから、学位論文を書くというものも、ある程度の通過儀礼。

それから自我理想のあり方が変化した。モラトリアムといって、なかなか自我理想を作らなくても良くなった。あとは、コミットしないということ。コミットというのは、責任を取るということで。要するに、取り返しのつかないことをする。コミット・クライム、コミット・スイサイドなど取り返しのつかないことをするのが、コミットなのですけれども。コミットを先送りする。たとえば、大学院に入る、オーバードクターになる、定職には就かなくてフリーアルバイターやパートをやるなどですね。先ほど言った、コミットしないでもある程度生きていけるという世の中になってきた。自我理想とアイデンティティというものは、似たようなもので、エリク・エリクソンという人は「アイデンティティ」という概念を考案した人ですけれども、この人はお母さんがカーラ・アブラハムセンという人で、父親は誰だかわからない、お母さんが、ホーンブルガーという小児科の医師と再婚したので、アメリカに渡るときに、ミドルネームを付けて、エリク・ホーンブルガー・エリクソンになった。初めは、画家になろうと思っていたのだけれども、分析のアンナ・フロイトと知り合って分析家になったという人です。

母親のカーラ・アブラハムセンはユダヤ系デンマーク人ですから、そのうちにナチスから逃げてアメリカに移って、だけどアメリカに行くと、ユダヤ人だということで阻害されたり、ユダヤ人の中に行くと北欧系だからキリスト教徒だと言われたり、エリクソン自身も非常に苦労をしたのです。

だから、アイデンティティという概念にはエリクソンのそういう人生の辛苦があるのです。エリクソン自身の経験の中から出てきた概念が、アイデンティティです。重要な概念というものは、その概念の創始者のパーソナルな経験の中から出てきているということが大事なことだと思います。

5　異性との関係の確立

その次に、「異性との出会い」ということです。異性との恋愛ということと、母親への依存ということを混同している人が多い気がします。健康な恋愛でもあり得ることですが、ボーダーラインの人なんかはよく混同していますね。ガールフレンドがボーイフレンドのことを、ボーイフレンドがガールフレンドのことをお母さん代わりにする。お母さん代わりに、ボーイフレンドやガールフレンドに抱っこしてもらう。だから、「あなたのガールフレンド（ボーイフレンド）はお母さんみたいね」というふうに言うと、昔なら非常にインパクトのある解釈だったけれども、今ではそういうことはあたり前で向こうもケロッとしていて、解釈にならない。そういうふうですね。

恋愛というものは、非常にエネルギーがいるものなのです。互いに信頼して、互いに子どもも返りするわけですけれども、自我同一性がある程度できていないと、互いに信頼することができません。素敵な彼や彼女に受け入れられることで、男性性や女性性が確立するということもあります。他人には見せられないかもしれない自分をさらけ出して、恋人に受け入れられることによって受容しがたい自分でも、ありのままの自分でいられるようになる。これが、恋愛。要するに、性的な衝動と人格的な愛というものをうまく統合しないと、なかなか恋愛がうまくいかないのですね。

余談ですけれども、人間はセックスをするときに、いわゆる正常位というのは対面ですよね。セックスを対面でやる動物というものは、たぶん人間しかいません。僕は動物のセックスの専門家ではないから、あまり知らないけれども、たいてい他の動物は、後背位ですよね。相手の顔を見ながらセックスをするというのは人間だけなのです。相手の顔を見るということは、相手の人格と対峙して性的衝動を満足させないといけない。この二つを同時に達成するのが人間のセックスです。後背位でやっていると、顔は見られないから、種の存続のために自分の性衝動を満足させることだけですね。相手の人格との対峙はない。相手の人格と対峙しながら性衝動を満足させるということを同時にやらないといけない行為には非常にエネルギーがいるわけです。これが、うまくいかないといろいろなことが起きます。一つは、性の商品化。欲望の充足の手段として性を商品にするようになった。売春というのは、そういうものですね。それから、ＪＫビジネスなどというものもあるわけで。女子高生ビジネス。援助交際などというのもあります。それらは、若い女性の性を搾取する大人が悪いということになっていますけれども。女子高生の中に、自分の性を商品として売るという見方が全くなければ、ああいうものは成立しない。

ほかにも、なかなか人格的なところまではいかないけれども、性的衝動を満足させるためにしょっちゅう恋愛をしていないといけない人がいる。乱交というのか。私は女子大の教員も何年かしていたのですけれども、学生の中にも風俗のアルバイトをしている子がいました。人工妊娠中絶をする学生もいた。女子高校生もいると思いますけれど。僕は、「相手を選べ。行為のとき、相手に必ずコンドームを付けさせろ」と、とにかく徹底して言いました。保護者のいるところで、そのようなことを言ったら怒られたこともありますが。

それから、最近では少子化や草食系男子などといって、あまり恋愛をしたがらない風潮もありますね。少子化や晩婚、結婚しない人。結婚しない人が、今、二割くらいいますか？　ときどきそういうことを「安心して結婚したり子どもを育てられる状況をつくらないような政治家が悪い」と言う人がいますが、僕は、それだけではないと思います。もっと大きな、文明史的な問題があると思います。あるいは、ひょっとしたら人類史的な問題かもしれない。先進国は、軒並みに少子化ですね、フランスが少し頑張っているようだけれども。フランスもそのうち、少子化になるでしょう。中国もいずれ少子化になるでしょう。貧しい国と先進国のどちらが恵まれているかといえば、先進国のほうが恵まれていますよね。貧しい国では、十二、三歳になったら働かなくてはいけないし、兵士になって死ぬかもわからない。そういうところでも子どもが生まれ人口の増えている国もある。「安心して子どもを育てられる状況をつくらない政治家が悪い」という主張は事実を説明できていないと思います。

また、ＳＮＳが普及したせいで、架空の人と恋愛する人も増えているようです。たとえば、架空のアイドルと出会える、ＳＮＳで一回も会ったことのない人とのやりとりなどもあるらしいですね。ああいうものがあるおかげで、本当にきちんと別れるということがかえって困難になっていると思います。恋人と一旦別れたのだけれども、そのあとも恋人のＳＮＳなどを監視して、本当に別れられていない。だから、本当の別れの重みをわかっていなくてなかなか先に進めないということがあるように思います。

恋愛にはそういうことがいろいろあって、異性との出会い、本当に性的な欲望と人格的な愛とが結びつくということは、大変なエネルギーを要する難しいことなのです。これを援助するのも大人の仕事で、昔は仲人というのがいて、今、仲人なんかはいないでしょうけれど、結婚相談所などの機関もありますね。

人間に発情期がないということも、種の悲劇の原因ではないでしょうか。ほかの動物には発情期があって、発情期が来て後背位ですることをすればいい。でも、人間は年がら年中発情期なのに、いざやろうとなると相手の人格と対峙しなければいけないということで非常に苦しい。

Ⅳ　青年期患者と接する治療者について

次に青年期患者と接する治療者について、です。

1　治療者の専門性について

私が医者になって二十年目ぐらいの頃の話ですが、女性患者から次のように言われたことがあります。

「先生にお願いがあるんです。先生には医者と患者としてでなく、人間と人間として接してほしい。病気の人間が本当に求めているのは、そういう関係です」。ボーダーラインの高校生に言われました。その患者は、初め若い女性医師が診療していたのですけれども、ある事情でその若い女性医師が急にいなくなった。それで私が引き受けたのですが、彼女は私との最初の面接で、そのように訴えました。それで「先の先生、（A先生とする）との面接は、とても楽しみでした。A先生とは本当の友だちのようだった」と言いました。

この患者の言葉には、現代の医療の中で、患者が一人の人間としてよりも一つの病気として扱われてしまうことへの正当な批判が含まれていると思いますね。A先生との関係は、彼女にとっては砂漠の中のオアシスのようだったのではないかと。A医師の誠実さと、あえて言うならば専門家としての経験の少なさから、こういう友だち同士のような、人間と人間としての関係が可能になっていたのだろうというふうに考えました。

しかしながら、こういう関係は、しばしば諸刃の剣で患者の支えになると同時に、患者がそこから抜け出すことを困難にする。人間と人間の関係ですから、双方の生身が露呈して、傷つくことになる可能性もあるわけですね。

私はそのとき、どう答えていいか、実は大変困ったのですけれど、結局、次のように答えました。「私は、あなたの役に立つ、よい医者になりたいと願ってます。A先生も、きっとそう願っていたんだと思う」と。A先生が、そういうふうに願っていたことは、本当にそうだろうと思います。要するに悩み苦しんでいる患者の力になりたい、助けてあげたいというのは、治療者であろうとする人間の共通の願いですね。そして、その願いは、よい専門家になることによって達成されるはずなのですね。

精神療法における患者と治療者の関係というのは、どういう関係かというと、悩みや苦しみをもって、その解決を求める依頼者（患者）と、それにこたえる知識と技術をもつと想定される（本当にもっているかどうかは、また別問題なのですけれども）専門家との間の専門的役割関係、職業的な関係です。手段的関係とも言い換えられます。患者の治療という目的があって、その目的のための手段としてある関係です。それは、親や配偶者や恋人や友だちが、好意と善意をもってかかわる関係とは違うわけですね。治療者が患者に対してもつ好意、それから愛など、そういうものは多くの場合、親や配偶者や恋人や友人には及ばないことが多いわけです。むしろそういう感情からある程度自由になって、患者との関係を冷静に観察し得るからこそ、患者の問題解決を援助できるのです。教科書には大体そういうことが書いてありますね。

こういうふうに学んできた治療者のところへ患者がやってきて、「医者と患者としてでなく、人間と人間として接してほしい」と訴える。こういうことは、よくありますね。私が診ていたボーダーラインの男の子が、あるとき面接に遅刻をしたのです。彼が「遅刻をしてすみません」としきりに言うので、僕は、「そんなに謝ってもらわなくてもよい、これは僕の仕事だから」と言ったら、その患者があとで「仕事だと言われて非常にショックでした」と。「先生は仕事で会ってくれているだけか」と言って非難しました。けれど、そういう目にあった治療者は、きっと多いですよね。

治療者になるのは、患者の力になりたいという気持を持っている人が多い。そういう気持がどうしたら有効に働き得るかと考えることから、専門家としての役割意識や技術がそなわってくるわけですけれども。一方で、役割意識や技術がときには中立性という、技術と言えば技術ですね。そういう中立性という概念が、治療者の生身の人間としての感情と相容れないように思われるという事態が発生します。中立的であれと役割が言うのですが、なぜ、もっと手を差し伸べないのかと患者に言われてしまう、そのときにどれだけもち堪えられるか、こういう葛藤。これは誠実な治療者であればあるほど、そういう葛藤をもちやすいと思いますね。

ときには治療者が、専門家としての役割を超えて、自分の感情を率直に表出すること、ある程度、自己開示をすることが、劇的な効果を生むこともあります。本当に治療が進展するのは、治療者が専門性や役割などという意識から抜け出したときだ、と言いたくなることもあります。でも、そういうことがあって治療が進展するというのは幸運な例であって、むしろ、「そういうふうにやるとうまくいくよ」という予測がつくならば、その予測をもって治療者が意図してそう振る舞えば、それは生身の人間の振る舞いではなく治療者の技術の行使ということになるわけで。そうなると、それは、治療者が一人の人間であると患者が感じることはないかもしれないわけです。そういうところで我々はいつもある種の葛藤を抱えているのです。

私の現在の考えでは、さきほども申しましたように、そういう役割を超えた振る舞いをして本当に治療的な効果があるというのは非常に幸運な例なので、そういう幸運をあてにしないほうがよいと思います。一人の人間として一人の人間にかかわるのだけれども、そこで自分と患者の役割を認識して、その役割の性質と限界を認識するということが治療者には必要なのではないでしょうか。

もちろん、その役割にとどまっていいというわけではないのですね。それを広げたり乗り越えたりして、それを再び役割に統合していくという、そういう絶え間のない努力の中に専門性というものがあるのではないでしょうか。

僕は精神分析家ではないけれども、精神分析に惹かれている理由が二つあります。一つは、精神分析の人間観というものが、患者に自己を律する、自立した個人になってほしいという人間観。それからもう一つは、精神分析は患者にこういう役割をとってほしいという、患者のとる役割をかなり明瞭にしています。それと同時に、患者がその役割から逸脱していくところに着目して、いろいろな概念をつくって、それを治療の中に組み入れていくという活動をしているのですね。理論が閉じていないところが、精神分析に惹かれている理由です。「自己を知り自己を律する自立した個人」というような人間観は、いろいろな治療に共通したものではありません。たとえば行動療法では、理論上は人間をパブロフの犬と同じように条件づけることができる存在だというふうに見ているわけですね。実際に、その中でもいろいろな工夫をして、よい治療をしていらっしゃる臨床家がいるということは重々承知していますけれども、理論的にはそうなのです。

あるいはシステミック家族療法では、患者というのは家族というシステムの中のサブシステムだというふうに見なされているわけです。行動療法においても家族療法においても、患者に自己を知り自己を律する自立した個人になってほしいというような人間観はないわけです。むしろ、そんなものは幻想だというところから、始まっているのです。

何度も言いますが、実際の臨床家は、もっと人間的な配慮をして治療をなさっている方は何人もいらっしゃいます。

精神分析の理論が開かれているということがどういうことかというと、精神分析が要請している患者の役割というものを、五つほど分けて考えてみました。

一番は「依頼者」になるということですね。患者が受診して、「こういうことで悩んだり苦しんだりしているから、なんとかしてくれ」というふうに、依頼者になるというのが患者の大事な役割です。精神科医が診る患者には、「依頼者」でない人がたくさんいます。たとえば、病識のない精神病者やパーソナリティ障害のあるタイプの人は、別に「ここは、なんとかしてくれそうだな」という期待をもっていません。治療の第一歩は、彼らに「依頼者」になってもらうよう働きかけることになります。

それから、「構造を守る」というのが、二番目の役割。ある曜日の決まった時間に来て、時間が来れば、うちへ帰るというのは、「構造を守る」ということですね。三番目は「内界を、心の中を、包み隠しなく言葉にする」ということです。「心に浮かぶことを何でも話す」ということです。

四番目に「治療者の介入を受け入れて、自分の言動の意味を知る」ようになってもらいたい。自分がこういうふうに振る舞っているのは、こういう歴史があり、こういう意味があったのかというふうにわかる。五番目が「依頼者でなくなるように努める」ということです。以上の五つが大体、精神分析が、あるいは分析的精神療法が、患者に期待している役割だと思います。

これは理想的な患者の役割で、実際の患者は、さっきも言ったように「依頼者」でない患者もいる。構造を守らない人もある。それから内界を包み隠しなく言葉にするということは、非常に難しいことなので、みんながやってくれるわけではない。

それから四番目の「治療者の介入を受け入れて、自己の言動の意味を知る」というのもなかなか難しいことで、治療者の解釈は、なかなか受け入れられないことも多い。それから、五番目は「依頼者つまり患者でなくなるように努める」。そのような努力をしない人も、たくさんいるわけです。いつまでも依存的な役割にとどまっている人がいる。

治療者の役割は、それに対応する役割で、一番目が、「専門家として患者の依頼を受け入れる」わけですね。知識と技術をもっていると想定される専門家として、患者の依頼を受け入れる。これは、どんな初心者でも、専門家として受け入れなければいけないわけです。初心者がよく「専門的な技術がないから、兄になったつもりで」「姉になったつもりで」「お母さんのような気持で」などと言いますけれども、患者はお母さんや兄や姉に会いに来るわけではない。専門家に会いに来ているのです。

二番目が「構造を設定する」。どういう場所で、どういう時間に、どういうふうに会うか。三番目が「傾聴する」。そして四番目が「理解したところを患者に言葉で伝える」ということですね。これが分析的治療者の大事なところで、たとえば患者が、寂しくて抱っこしてもらいたいというふうに思っているからといって、実際に抱っこするわけではないですね。この頃、ハグ療法などというのがあるらしくて、実際に抱っこする治療者もあるようですけれども、分析家はそういうことはしない。「抱きしめてもらいたいという気持ちなんですね」と言うだけですね。実際に抱きしめることはしません。

それから最後の五番目が、「治療者でなくなるように努める」。要するに、患者でなくなるように努めるのに対応した役割ですね。今言った治療者の役割というのは、治療者であるからには、必ず守らなければいけない役割で、そういう役割を遂行する人を治療者と呼ぶわけですね。

患者の役割のほうは、さっきも言いましたように、これは理想的な患者の役割で、患者がここから逸脱する。たとえば構造を守らない、包み隠しなく言葉にしない、解釈を受け入れない、いつまでも患者であることを望む、などですね。精神分析は、患者が理想的な患者の役割から逸脱するところを概念化しているわけです。たとえば抵抗というのは、構造を守らない、包み隠しなく言葉にしない、などということですね。要するに、理想的患者の役割からの逸脱を概念化して、その理由、背景を探ることが治療につながるわけです。

どんな治療でも、患者に対する役割期待というのがあるのです。たとえば行動療法でしたら、治療者の指示にしたがう、という課題があるわけですよね。内観療法でしたら、内観をする、というのが課題ですね。その課題を守らなければ、たとえば行動療法家の指示にしたがって課題を守らなかった場合は「これは行動療法の適応ではない」ということにする。内観をしなければ、「ご縁がなかった」ということになるわけです。でも精神分析だけは、理想の役割から逸脱したところを概念化して、再びそれを理論に組み入れる、というダイナミックな動きをしていると考えます。その点が私が精神分析に惹かれている理由です。

少し話がそれましたが、ともかく専門家としての役割と、人間としてのいろいろな思い、振る舞いなど、そこに精神療法家が、いつもいろいろな葛藤をもちながら臨んでいるということですね。前に何度も話したことがあるので、どこかでお聞きになったかもしれませんが、私は神田橋先條治生を尊敬しておりまして、若い頃に九州大学へ神田橋先生から呼ばれたときに、神田橋さんが「自分のところに、『心のオアシスになってほしい』と言う患者が来たんだよ」と言われたのですね。僕が「先生は、なんて答えられましたか」って聞くと「ここがオアシスになると、周りはみんな砂漠になってしまう」と。なるほどなと思って、非常に感心して帰ってきたら、僕のところへ本当に「先生に心のオアシスになってほしい」と言う患者が来たのですよ。僕は、しめたと思って「ここがオアシスだと、周りはみんな砂漠ですね」。その人は「その通りです。だからこそオアシスが必要です」と言われ、よけい厄介なことになってしまった。そのとき「借り物の言葉は使うな」という学習をしました。神田橋先生だったら、そのあとどうにかなったのでしょうけれど、僕が実際に使ったらこうなった。なので、皆さん、これからの面接で、僕の言ったことをそのまま繰り返し言わないでください。気をつけてくださいね。

2　治療者の年齢について

次は年齢について、の話ですね。患者からこう言われたことがあります。「先生は、どうせ親とグルなんでしょ、先生のような年齢の人に、私の気持をわかってもらえるとは思えません」。青年期患者に、こう言われますと、治療者は、なんとか自分が青年の味方であろう、というふうに思う人が多いですね。あるいは青年のように振る舞おうとする。

治療者として大事なことは、自分の中に青年期的な心性を維持していかなければいけないのだけれど、そこから距離を取ることが必要で、「青年そのもの」になってしまっては駄目なわけです。もし、青年期的な心性をもっていて、そこから距離が取れないとどういうことになるかというと、治療者自身の青年期を、患者のそれに重ね合わせて、治療者自身における潜在的、象徴的であった危機や混乱を、患者に現実化させてしまうという危険があります。

たとえば、治療者自身が母親に対して表面的には従順に振る舞っていたけれども、内心は反発を感じていたとしますね。そういう治療者は、患者が母親に示す敵意や反発に共鳴して、患者の早すぎる自立を促してしまう危険があります。つまり、治療者の母親に対する依存と自立を巡る葛藤、それが未解決。ですからその葛藤が、母親に従順だった治療者、母親に反抗的な患者という、役割を現実に振り分けて演じてしまうことが生じがちですね。したがって、青年期的な心性をもっているけれども、それと距離を取らなければいけない。精神療法家というのは、実年齢的に青年期を過ぎても、なかなか青年期的な心性を脱却できない場合が非常に多いです。まず、一人前になるのに非常に時間がかかりますし、どうなったら一人前かということも、なかなかわかりません。それから、一定の価値にコミットすることを少し先送りしなければいけないというか、患者の話を中立的に聞かなければいけない。「自分はこうだ」という主張や価値観などを明瞭に打ち出すことを避けるわけですから、一定の価値へのコミットを先送りするということになります。

精神療法家にはそういうことが多いし、最近は、むしろアイデンティティ・ディフュージョンというアイデンティティが拡散している青年が増えている。だいぶ昔ですけれど、エリクソンがどこかの大学で講演したときに「アイデンティティ・ディフュージョンがある」といった青年がいたそうです。それに対してエリクソンは「Are you boasting, or complaining?」。「自慢しているの、それとも悩んでいるの？」というふうに問い返したというエピソードを、どこかで読んだことがあります。エリクソンも苦笑したのでしょうね。

精神療法家というのは、そういうアイデンティティ・ディフュージョンを、ある程度、積極的に引き受けようとする側面があって、その分、青年期心性から距離が取りにくくなるのではないかなという気がします。治療者が年齢を重ねることをどう体験し、どう評価しているかということが重要です。ある治療者は、患者に対して「大人になるということは、だんだん人間の汚いところと妥協していくことだ」というふうに言ったそうです。そうなると、患者が成長、成熟を望むことが、だんだん汚くなるということと同義になってしまうので、発達や成熟が難しいかもしれない。ただ、先ほども言いましたが、青年期はしばしば美化されることがありますが、実際にはつらく悲しいことも多いのです。

僕は、自分の青年期を繰り返したいと思ったことが実はありません。青年期は漠然とした欲求不満と慢性的な孤独感や、自己愛と自己嫌悪の連鎖であったり、過剰な自意識など、そういうものが混在していました。私でなくても、多かれ少なかれ青年はそういうものをもっているると思いますけれど。

歳を取るということは、そういうものからだんだん解放されて、自分に正直になり、自由になってきたという、そういう実感があります。青年期患者と接するときに、いわゆる共感ということはあるとしても、青年に羨望を感じるということはほとんどなかったので、たぶん、これがよかったのでしょうね。青年に羨望を感じてしまうと、なかなかうまくいきません。五十歳を過ぎる頃から、自分の青年期を否定的に見ることから少しずつ変わってきて、貧しかったけれども友だちがいたし、出会いもあったし、本も読んだし、というようなことで、多少、自分の青年期を懐かしむことができるようになりましたけれど、もう繰り返したくはないですね。

青年というものは、親を理解しないわけですね。先ほども言いましたが、親の心配や配慮にも反発しますし、厳しく残酷な言葉も吐くものなのです。無意識の加害者なのです。治療者の中に、青年と親という関係が内在化されていて、その関係全体と、その周囲をよく見る必要があるわけですね。若い青年の治療者だと、親を立てるということが難しい場合もある。治療者は親を立てながら、話をしなくてはいけない。

それから、年齢と少し違う気もしますが、治療者に自分のことを「先生」と自称する人が、中にはいますね。学会でも、それを聞いたことがあって「先生と自称したほうが、専門家として会っていることが明確になる」という話を聞いたことがあります。先生というのを広辞苑で引くと、まず、先に生まれた人。それから弁護士や医者など学徳に優れた指導的立場にある人。それから自分が師事する人。それから学校の先生。もう一つは人をからかって「先生」と呼ぶことで、相手をおだてているいること。

患者に対して自分を先生と自称している治療者が中にはいるのですね。そういう治療者は、自分を学徳に優れた人間だと自称していることになる。よくこそばゆくならないものだと感心しますが、結構いますよね。

僕は、患者に対しても、誰に対しても、自分を「先生」と自称したことはありません。大学の教員だったときに、学生から「先生」と呼ばれるのは、そんなに抵抗はなかったですね。広辞苑だと「学校の先生」と書いてあって、少し違うかもしれないけれども、職名ですね。総理大臣やタクシーの運転士と同じ。なので、大学の教師をやっているときに「先生」と言われても、それほど抵抗はなかったけれど、患者に対しては、先生と自称しないほうがいいと思いますね。僕は「僕」「私」などと言っています。たまに「俺」と言うこともあるけれども、大抵は「私」や「僕」と言っています。それから相手が若年であっても「ちゃん」づけということは絶対にしません。大体「さん」「あなた」など。中学生くらいだと「君」と呼んでいたことがあるのですけれども、高校生になるときに「さん」に変えました。変えるときに、患者の意識も変わりますし、私の意識も変わりますね。

要するに、青年を大人になりつつある人、大人になるべき人と見なして遇することが大切で、大人とはどういう人かというと、自己を律する、自立した個になり得る人。なりつつある人なのですね。

3　治療者の性について

その次は、治療者の性についての話ですが。患者から「先生が女性だったらよかったのに。男の先生には、どうしてもお話しにくいことがあるのです」。こう言われたことがあります。しかもこれは、私が自分は男性だというふうに、そんなに意識していないときに、言われました。

治療者というものは、常に治療者であるわけではないですね。仕事をしていないときは治療者ではないわけです。それから年齢も、今の年齢を、他の年齢のときの自分と区別して比較するわけで、生涯、今の年齢であるわけではないですね。ところが性は選択の余地がない。この頃は性同一性障害という人がいて、性の選択の余地ができる人がいるみたいですけれど、多くは、性は選択の余地がありませんね。

選択の余地がないから、私は自分が男性であるということを、そんなにしょっちゅう意識しているわけではありません。たぶんですが、女の人は男が「俺は男だ」と思う以上に、「私は女だ」と思っている度合いが強いでしょうね。どうですか。意識的にそう思わせられる頻度が多いと思います。

従来の精神医学の理論は、ほとんどが男性中心の理論です。たとえばフロイトのエディプス・コンプレックスという概念などは見るからに男性中心の理論ですね。エリクソンのライフサイクルというのも、エリクソン自身がどこかで認めていたと思うのですけれども、男性をモデルに考えた発達の理論です。ユングの理論は、男性中心の度合いが比較的少ないように見えますけれども、男性の描く女性像、アニマの描写は非常に生き生きとしていますが、女性が描く男性像、アニムスの描写は、あまり生き生きしていませんからね。やはり男性中心なのだろうと思いますね。

それから、今までの精神療法の理論も、大体が男性中心になっていたものです。女性の治療者も、この男性中心の見方から、なかなか抜け出せない。あるいは、それに反発するあまり、偏った女性観をつくり上げる危険性がある。最近は女性の治療者が増えたので、いずれ男性中心の理論が少しずつ変わっていくと思いますけれども、いまはまだ男性中心の理論が優勢です。

性に関しては、精神療法家としていろいろ困ることがたくさんあるのですけれども。一つは転移性恋愛への対処ですね。非常に困ります。転移性恋愛にどう対処するかは、多くの治療者特に若い治療者にとっては、極めて重要な問題です。

フロイトに『転移性恋愛について』という論文があって、フロイトが言っていることは、分析状況の中でこそ、こういうことが起きる。その状況を支配している抵抗によって支えられる。つまり、転移性恋愛が顕在化してくるのは、実は患者の無意識的な抵抗の、一つの表れだという感じですね。これは、その通りではないかと思います。

現実には、正常な恋愛よりも、はるかにその恋の結末に対する思慮分別が失われていて、相手、治療者ですね、その人への評価は全くあてにならないと、フロイトは述べています。健全な恋愛でも、恋人の評価はあてになりませんけれどね。転移性恋愛では、特にそうだというわけです。

そして、フロイトの促している注意は、女性患者の恋愛は、分析状況を通して規則的に引き起こされるものであって、治療者の個人的人格が優秀であるからというわけではない。これは全くその通りで、そのように注意をすべきですね。それから、治療者は患者との関係の中から個人的利益を引き出すことがないように、自己規制をしなければならない。治療者は患者を自己の情緒的満足の手段にしてはならない。こういうことを言っています。あたり前なことですけれど。

治療者と患者との性的関係というものは、実は、アメリカではたくさんあるようで、日本でもそれほど珍しいというわけではない。私は、二〜三の学会の倫理委員会というところに所属していたことがありますが、訴えがたくさんきました。男性治療者と女性患者の性的関係が多いのですが、逆の場合も、なきにしもあらずで、女性治療者と男性患者の性的関係もある。特に問題になるのは、女性のボーダーラインの患者ですね。それと、男性の治療者。この関係にはいろいろと注意しないといけません。倫理委員会に訴えたり、訴訟になっている例もあります。

僕も、訴訟になっている例を知っていますし、治療者や患者から相談を受けた例もあります。患者側の相談を受けているときに、その患者が「先生も苦しんでいるから、会ってやってください」と言って、患者がその治療者を連れてきたこともあります。

フロイトの『転移性恋愛について』という論文は、転移性恋愛に悩んでいる最中でしたら、今、自分が遭遇している問題に関連したところからお読みになるのがいいです。ただしその論文を読んでも、どうしたらいいかは、なかなかわかりません。難しい問題ですね。

分析状況の中で起きることだけれどもそこに真実の愛がないとも言い切れないと、フロイトは言っています。どっちなのだということになる。大変な問題で、フロイト先生もいろいろ考えていたのだということはわかりますので、お読みになるといいと思います。

それから河合隼雄先生は、男性と女性が親しくなるというとき、恋愛、あるいは性的関係ということしか、可能性として考えられないという、その男性治療者の根本的態度に問題があると言っておられます。私の考えでは、自分自身が青年期にある治療者は、男性としての自己同一性を、まだ確立しようと努力している最中なのではないかと思いますね。したがって、女性の患者と接しているときに、男性治療者には性的な意味での男性ということが大きな意味をもつわけです。しかし女性患者が男性治療者に対して向ける感情というのは、非常に幅が広いわけです。それこそ母親代わりということもあるし、依存的なものを含んだ、非常に広い感情なのだけれども、男性の若い治療者は、そういった広い感情であっても、まずは恋愛的な要素に目が向きますので、その要素に反応するわけです。そうすると、患者も、余計恋愛というものに目が向いてしまうことになる。その辺は、恋愛感情ではなくもっと広い気持だな、と思って受け入れているうちに落ち着いていくこともあります。

これも、前に書いたことがあるのですが、僕は、あるとき、女性言葉で独り言を言う練習をしておりました。「何々だわね」「そうよねえ」など、とです。どうしてそんな練習をしていたかというと、私のところに知り合いが集まったときに、旦那組と奥さん組に分かれて雑談をしていたのですね。奥さん組のほうは非常に話がはずんで、たわいもない話を仲良く話していた。旦那組のほうは少し抽象的な話で、いまいち話がはずまなかった。それを見て、女性言葉のほうが感情を自由に表現できる可能性があると思って、女性言葉で独り言を言う練習をしていたのです。もっとも最近、女性言葉と男性言葉は非常に接近しましたね。女性でも「僕」と言う人もいるし。女性言葉で話そうとすると、感情表現が豊かになることがわかりました。それを若い男性治療者に言うと、みんな笑って取り合いませんで「変なことを言うやつだな」と思われていたと思います。ある学会で韓国に行ったときに、土居先生に二つ質問しました。一つは、日本語では主語が明らかになっていないことがありますよね。患者と治療者の間にある感情を言うのに、たとえば「寂しいね」と言うと、患者も寂しいし、治療者も寂しいわけで。二人の間に共通して存在する感情を言うのに便利で都合がいいです。英語の治療者は、いちいちIやYouなどと言わなければならないから不自由でしょうがないのでは？　と聞きました。そうしたら土居先生はまじめに聞いてくださって、英語でもWeやItを主語にして言うことができると答えてくださった。そして、もう一つ。「女性言葉で独り言を言っています」と言ったら、これは「気持悪い」の一言で片付けられた。非常に残念だったので、そのあと心の中で反撃を考えました。土居先生は、自分が男性であることを自分に証明することをいまだに必要としている人なのだと。私は、自分が男性であることを今更自分に証明する必要はないから、そういう意味で女性言葉が安心して使えるのだと、反撃を考えたんです。それを土居先生に伝えようと思ったのだけれども、もともと遠慮深い性格なので言えませんでした（笑）。そのうちに土居先生が亡くなってしまって、永久にその機会も失われてしまいました。

土居先生は、非常に男性的な方で、私は尊敬しています。『土居健郎選集』という、岩波から出ている全八刊の書物があります。読んでいない人は、ぜひ、お読みくださいね。

Ⅴ　家族に何ができるか

次は家族に何ができるか、ということです。

私が、青年期の患者の話をするときに、ご家族の方が聞きにこられることがあって、講演のあとで、いろいろ質問されることがありました。「そんなことがわかりゃ苦労しない」という質問ばかりで、何にも答えられるものがないと思って、あとから考えて、私が家族面接をするときに、こういうことを心がけてやっているということを箇条書きにしたので、それを順にお話していきます。

まず、親自身が自分の人生に正面から向き合っているかどうか、ということが一番の問題なのですね。親自身が、人生に、ちゃんと向きあって生きているかどうか。子どもは親の言うようにはなりません。が、親のようになることが多い。したがって親の生き方を、まず振り返る必要がある。

それから、世代間境界。これは、とても大事なことですね。たとえば父親が娘を妻のように見て、娘に、妻に期待するようなことを期待したり、娘が女性として成熟していくことに過度に関心を示すなど、をする。そういうことは、よくないですね。逆に、母親が息子を夫のように見たりする。夫婦仲が悪いと、母親のほうが息子を夫代わりにして、息子を頼りにして、というようなことが起こりますね。夫婦げんかをするときに、子どもを巻き込んでけんかをしたり、あるいは離婚しなかったお母さんが、あとで子どもに、「あなたがいたから離婚しなかったんだ」などと言ったり。要するに夫婦の世代の問題を、子どもという別の世代に押しつけようとしないで、世代間境界をきちんと守ってください、ということですね。これは結構大事なことです。

それから、父の役割と母の役割を分業しつつ、連合する。母親というのは、大体、無条件に子どもを愛する、我が子だからかわいい。父親というのは社会的規範を伝えるという役割があって、そういうふうに、少しずれるのですけれども、それぞれの役割を担いつつ、夫婦が連合しながら子どもに接する。要するに子どもを自分の味方にして配偶者を攻撃する、ということが起こらないようにしないといけない。こういうとき、父親の役割が大事なことでして。昔に比べると父親も育児に協力をするようになりましたね。自分の息子や娘のお婿さんを見ると、びっくりするほど育児や家事をしています。うちに帰ると、きちんと掃除をするわ、洗い物はするわ。昔に比べるとだいぶいいですけれども、しかし、それでもやはり育児は母親になって、父親は朝から晩まで仕事をしていて、育児に協力は少ないことが多い。つい、「お父さんも育児に協力してください」と、僕も若い頃は言いがちだった。でも、父親がいざ育児に協力しようとしても、どうやっていいのかがわからないので、女房の真似をする。何が起きるかというと、子どもからすると、お母さん一人でももて余しているところへ、もう一人別のお母さんがあらわれることになって、厄介だということになる。

そのため、お父さんに「育児に協力してください」と言うのは途中から控えめにして、「お母さんを妻として、一人の女性として、もう一回見るようにしてください」と伝えるようにしました。たとえば、「お母さんと外食に行く、音楽会に行く、旅行に行くなど、妻を異性のパートナーとして見なす行動をしてください」と。そうすると、お母さんが、母親だけではなくて、そこへ妻、女性のパートナーなどの役割が広がって、母親の巨大性が縮小する。それが、よい結果を生むことが多かったので、途中から、お父さんへの育児協力を強調するのはやめました。

ボーダーラインの患者の両親に「夫婦で旅行に行ってもいいですか」と聞かれたから「いいですよ」と返事をした。でも、実際に出かけると息子が怒っている。「俺がこんなに苦しんでいるのに、お前たちは旅行に行くのか」と言って怒るのですけれども。両親が帰ってきてからも怒り続けますが、留守の間は、結構自分できちんとやっていることが、私の経験では多いです。

それから発達課題を理解する。これは先の話でいろいろ述べたように、子どもが、どういう発達課題に直面しているかということを理解して、その場面で手伝えるところは手伝う。たとえば、タイミングよくお父さんが登場する、学校や塾に協力を依頼する、いろいろなクラブに入れる、など。そういう本人の発達課題を理解した上で接するということですね。それから、そのあとは、達成を評価するようにしてください。子どもができたこと、どんな些細なことでも、「できた、自分でできた、よかったね」。できたことを認め、共に喜ぶということが大事です。治療者も、患者ができたことを共に喜ぶというのが非常に大事だと思っているのですけれども、分析家の仲間のうちでこういう話をすると、治療者が患者を褒めると、患者が治療者を喜ばせなければならないと思って苦しくなるから、患者を褒めてはいけない、と反対する分析家があります。褒めるというと上から褒めるように聞こえますが、共に喜ぶということですね。達成を共に喜ぶ。些細なことでもいいのです。

試行錯誤を許容する。試しにやってみる。失敗しても、それがよい経験になるように機会を与える。些細なことでも、成し遂げたこと、達成を評価する。できもしないことを「大丈夫、できる、できる、できる」と言うのとは違います。これは、治療者として、患者に対しても大事なことだと僕は思っています。

それから、親御さんには「子どもだけが生きがいにならないようにしてください」と伝えます。子離れができなくなってしまいますから。そうすると、子どもに負担がかかります。「親が子どものために生きるということだけになってしまわないように、親自身の人生を充実することを心がけてください」と言っています。それから大人になりつつある青年は、一人の他者です。自分に、他者をすべて理解することはできないということを認め、青年には青年の生きる道があるということを認めるということですね。お互いのすべてを理解することはできない。それぞれの生き方がある。そういう気持をもつこと、です。

あと、青年に迎合しないということも大事です。親はさまざまなことを支持しなければならないのだけど、親がもっている基本的な人間観、たとえばですけれども、ずるいことはしないなど、そういう基本的な信念をもっていて、そこだけは絶対譲らないように頑張るなど、「駄目なものは駄目だ」というふうに言うということですね。これが非常に大事なことです。

子どもは、いろいろ親を非難するわけですね。「あのとき、こうしてくれればよかった」など、いろいろ言うのですけれども。子育てというのは、大体が小さな失敗の連続です。大体が小さな失敗の連続なので、基本的なこと、根本的なことでない限り、始終謝らなくていい。私の患者で十四歳の男の子は、十四年間の育て方が悪かったのだからと、親を土下座させて「慰謝料を払え」と言った例がありますけれども。子どもに「あのとき、ああしてくれなかった」というふうに言われると、良心的な親は「ああ、そうだったの……」というふうに思うことが多いわけですね。でもそれは小さな失敗で、そういうことがあるから、子どもを腫れもの扱いするようになると、子どもは、ますます自己愛的になります。だから、「ここは譲れない」という信念をもっていることが重要です。

それから、最後は少しおかしなことが書いてあると思うのですが「子どもへの羨望や敵意をもつことを認めた上で、いつも愛と注意を注ぐ」とあります。これはどういうものか。最初の原稿では、「子どもへの羨望や敵意をもつことを認めること」と書きました。これはこれで大事なことなのですね。たとえばお母さんが子どもの世話で忙しくて女性の魅力が失われる、自分の時間がなくなる、キャリアを諦めざるをえない、あるいは子どもの若さへの羨望が生じるなど、「自分はこんなに苦労してきたのに」と、子どもに対する羨望や怒りが生じることがありますね。

たとえば僕らの世代ですと、僕らの子ども時代は終戦後ですから、中学生ぐらいか、もう少し前だったか、テレビはお金持ちの家にしかない、という時代でした。僕の家にはありませんでしたけれど。そういう時代に暮してきている。私の子どもの暮しぶりを見ると、貴族のようにぜいたくです。そうすると子どもに対しての羨望が広がる。そういうことは認めたほうがいいです。自分の中にそういうものがある。特にお母さんは、良心的なお母さんは、自分がそういう気持をもつことに対して自責感が働くのですけれども、人間であるからには、子どもに対する羨望や怒りがあって当然です。

私が親と面接をするときは、大体こういうことを考えながらやっているのですが、あるとき、ある親御さんがやって来て「先生のお話、もっともだと思ってそうしたいと思うのですが、自分の娘となると、とてもこうはいきません」と言われました。僕が「それはそうでしょうね。僕も他人様のことだから、こうやって落ち着いて話ができますが、自分の子どもとなったら、とてもこうはいきません」と言ったら、その人は笑い出してくれて、和やかになりました。親というものは、マニュアルを読んで、マニュアル通りにやっていても、うまくいくわけではありません。たとえば、こういうことを言っていいのかわからないけれど、教育者の子どもに問題が多いのは、子どもに対して、親ではなく、教育者として観察したり指導したりするからですね。精神科医の子どもも、おそらくそういう可能性があります。したがって、やはり生身の親として子どもとぶつかり合う覚悟をもって接することが必要で、マニュアルは、私が心がけているのもマニュアルのようなものなのですけれども、話としては聞いておいて、あとは親としての信念と覚悟をもってぶつかり合うということが一番大事だと思います。

VI　質問

いくつか質問が出たので、共通した質問について私の考えを申し上げます。

「発達障害の話が出なかったので、発達障害についてもう少し話してほしい」というのがたくさんありました。私は、児童精神科医ではありませんので、子どもの頃の発達障害や、小さな子どもを発達障害の患者として診た経験がありません。せいぜい、小学生か中学生で、大部分は高校生、大学生、あるいは大人の発達障害しか診たことがないので、発達障害については発言することを控えていました。

大学に入ってから初めて事例化する発達障害というものもあるように思いますね。大学に入って、いままでより自由度が増して、どうしていいかわからなくなる、ということですよね。それから、「発達障害ではないか」と自分で言って診断を求めて来る患者さんが多いという意見もありました。確かに、そうだと思いますね。私が医者になった頃には、発達障害という概念はありませんでしたけれども。

「発達障害ではないか」と言ってくる患者さんのうち、本当に発達障害である人はどれくらいいるかわかりません。「発達障害ではないか」と言ってくる人の中でも発達障害ではない人がたくさんいる場合もあります。それは、いまの自分の生きづらさや日常の困難などを、発達障害という流行の概念でもって、自分で納得したい、などという気持があるのだと思います。

だから、発達障害という診断はできるだけ慎重にしたほうがいいというか、すぐ発達障害というラベルをむしろ貼らないように注意したほうがいいと思います。どういうことで困っているのかを具体的に聞いて、そういうときに、本人はどうしているのかということも尋ねて、その上で「どうしたらいいのか」を共に考えられたらいいと。

それから、私のところへスーパーバイジーとしてこられるときに、発達障害のケースをもってこられる方があって。先ほども言ったように、僕は小さな子どもの発達障害は診たことがないし専門でもないから駄目だと言っているにもかかわらずもってこられて。仕方がないから、その人の相談相手にもなっています。どうするかというと、まず、具体的に何に困っているか、そういうときにどうしているのかなどを聞いて、多数派の人間はそういうときにこういうふうにすることが多い、私ならこうするなどというふうに、具体的な助言をするようにたぶんしていると思います。

僕は、治療者としてできるだけ自由連想的にやろう、主語はあまりイメージしないで述語を使うというふうに訓練してきたのですが、発達障害に対してはそういうことをやめましょう、ということです。主語を明確にして言うことと、多義的な言葉を使わない、できるだけ一義的な言葉を使うようにします。「なんでも話してください」というのは、発達障害の人にとって非常に苦痛なようですので。それも患者に要求しない。向こうが話したいことは聞きますけれども、できるだけ質問して答えてもらう。何に困っていて、どうしているか、どうしたらよいのかを相談するというふうにしています。他のところにも書いてありますけれども、できるだけ視覚化して箇条書きにするなどもいいかもしれません。説明したことは、紙に書いて患者に渡すということをしています。

大学生になって事例化するような発達障害は、今まで、先に述べたような発達課題に直面しないまま、あるいは意識しないで育ってきて、大学という自由なところに入って一遍にたくさんの発達課題に直面しなければならない、となっている人が多いような気がしますね。

だから、生き辛いでしょうね。

まず、すぐにラベルを貼らないで、先ほども申しましたが、何に困っているか、どうしているか、どうしたらいいのかを具体的に相談するということと、なるべく自由連想法的ではないように、多義的な言葉を使わないように面接するということ、でしょうか。

それから、家庭内暴力の質問もいくつかありました。まず、暴力に対する対応の仕方を具体的に相談しておくことです。たとえば隣近所に「実はこういうことがあって困っているので、いざというときは助けてくれ」ということを最初に言っておく。暴力を振るわれそうになったら、逃げだす。それから、警察にも相談しておく。

特にお母さんたちは、周りに知られたり警察に相談したりすることに対して非常に警戒意識が強いというか、恥をさらすことになるといって、したがらない人が多いのですけれど。暴力を看過していてはいけないので、そういう暴力に対する対応を毅然としてきちんとやる。

次にどういうときに患者が暴力を振るうようになるかをよく見ること。母親に暴力を振るっている場合だと、子どもにとっては、母親が非常に巨大な存在であることが多いわけですね。それに暴力で対抗する。青年の気持としては一所懸命巨大な母親を縮小しようと努力していることが多いです。なので、母親が巨大にならないようにするために、お父さんに登場してもらって母親以外の役割を見つけてもらう、それが大事だと思います。

それから、僕が家庭内暴力という論文を書いたのはだいぶ昔のことなので、そのときは、まだ日本で家庭内暴力というと、青年の親に対する暴力が書かれていることが多かったです。あとから見ると、家庭内暴力を子どもが母親にしているのだけれども、無意識的に母と子どもが連合して家庭のダイナミクスに変化を促しているのではないかというふうに思ったことがあります。

だから、暴力そのものに対する対処ももちろん大切だけれども、それが起こっている家庭全体のダイナミクスを考えて、それを変えていくという視点が今でも必要だと思いますね。そこにお父さんにうまく登場してもらう。

それから、他には性同一性障害、同性愛の人の発達課題はどうなっているのか、という質問がありました。私は、性同一性障害の人に四十人ぐらい会った経験があるのですけれども。

生物学的には女性だけれども男性になりたいという人と、生物学的には男性だけれども女性になりたいという人、両方に会いました。そういう人たちの発達課題というのは、さきほど述べたような発達課題ももちろんあるのだけれど、それに加えて自分の性の悩みが周りからなかなか許容されない、社会に受け入れられないなど、普通の青年に比べてより大変な課題をたくさん担っているのですね。

僕が会ったのはだいぶ昔の話なので、その頃から比べて社会は大きく変化しました。今では学校でも、性同一性障害の人をきちんと迎えられるように、整備をしていたりしますね。ただ、変わらないこととして、そういう話を聞くときには慎重に受け止める必要がある。だから、こちらの偏見と言っていいかどうかはわからないのですけれど、ある種の考えに束縛されて、その患者さんを純粋に受け止められない、ということが起きないように注意しなければいけない。

それから、社会、職場や学校などのところに本人や家族がいろいろと働きかけていることもありました。そういう環境調整の努力も早めにしないといけませんでしたね。この頃はだいぶ受け入れは良くなったし、僕が診ていた患者の母親に「娘が息子になってしまったけれど、娘と息子を両方経験できてよかったです」などと言った人もありました。だんだん、社会でも認められてきていると思うので、治療者としてもやりやすくなったのではないでしょうか。

あとは、自己愛的な人にどうしたらいいかという質問も多かったですね。根拠のない自信をもっているけれども、傷つきやすい。そういう自己愛的な人にどういうふうに接したらいいかということがありました。

精神分析では、自己愛に二種類を想定しています。一見、自己愛のようには見えなくて対人恐怖のような引っ込み思案だけれども、実は、非常に深い自己愛をもっているという人です。もう一方は、あからさまに自慢する人。うまくいって成功してきた人など世の中にたくさんいますね。

そういう自己愛の人と、どうやって接したらいいかということですが、前者のナルシストは、あまり怒らない。けれども後者の人は、よく怒りますね。怒る患者に対応しなければいけない。治療者は、結構謝ってしまう人が多い。僕も謝っていたけれど、あまり謝ってもなあと思って「そういうふうに怒るのも無理はないですね」と、まず思うことが必要です。あなたのそれまで思ってきた自分の自己像が傷つくのだから「非常に傷ついて怒ったんですね」というふうに、まず相手をわかりましょう。しかし、その結果、かえって傷つくこともあるので、傷ついたと思うときは怒りに直結させずに「別の対処法を考えましょう」というふうに切り替える。

僕は、自己愛的な人は正直に言ってあまり好きではないです。それで、ある学会で何かの話のときに「あまり好きじゃない」と言ったら、質問者の先生に突っ込まれて「好きではないとおっしゃったけれども、それはどういう特徴があるからですか」というふうに聞いてくださって、どうしてだろうと考えました。自己愛的な人に接していると、何か自分が一個の人格として扱われていない感じがするのですね。その人の自己愛を満たす道具として使われているという意識が発生して、なんとなく面白くない。しかも、怒られることが多いので、面白くない。

とにかく、どういうふうに接したらいいのかは難しいのだけれど。私もなかなか好きになれないので、自己愛的な人との接し方はやはり難しいです。

それから、これは専門家ではなくてご家族だと思いますけれど。親は子どもにどうやって（象徴的に）殺されたらいいかという質問がありました。これも非常に難しい。

まず、自分の子どもといえども、青年になったらもう青年は他者であるというふうに認識することが大切です。青年は自分の一部分ではなくて他者であると。他者として尊重する。しかし、相手のことに全部合わせるのではなくて、先ほども言いましたように、基本的なところで自分の譲れないところは迎合しない。そういうふうに接していくことで、子どもが親とは違った考えをだんだんともつようになっても、そのことを咎めたり、自分（親）が傷ついていているということを示さないようにする。だんだん離れていくことに対して、それを引っ張り戻すようなことをしないということですね。とにかく一人の他者であるという認識が非常に大切。自分の一部とは、違うということですね。そういうことを踏まえる。言うのは簡単ですが、なかなかうまくいかないと思います。答えになっていないかもしれないけれど。

次に、いじめ・いじめられることについて、どうしたらいいか、という質問がありました。「いじめ」「いじめられること」が最近よく話題になっています。僕が子どもの頃は、いじめやいじめられるということは、あまりというか、ほとんど話題になりませんでしたね。むしろその当時の子どもはけんかをよくしていたので、けんか慣れしていたのだと思いますね。今、けんかというものがあまりないでしょう。子どもの攻撃性をうまく活かすような状況が少ないですね。スポーツクラブに入れば、いいかもしれませんけれどもね。

我々が子どもの頃、男の子は終戦後の焼野原で棒切れをもってチャンバラごっこをよくやっていましたけど、いまはそういうことがなくなった。基本的にいじめられるほうは悪くない、いじめるほうが悪いというのは基本的な考えだと思います。まず、できるだけ早く発見するということですね。発見して、それを公に取り扱うこと。

学校が、そういうことを隠すところがあり、いじめがないと判断することが多いかもしれない。いじめはできるだけ早く発見するということが大切です。そして、まずいじめられている人を守るという姿勢が必要だと思います。

ただし、いじめる側もそれなりの背景があって、その子なりにいろいろ悩んでいる。たとえば、家庭の中で十分なケアがされないなどという問題もあったりするので、いじめる側は加害者ではあるけれども、ある意味、被害者でもあるという視点で接しなくてはいけないと思います。

親はよく学校を非難しますね。確かに、学校は非難されて然るべきところが結構あると思いますけれども。親なのだから、もっと早く自分が発見していてもいいはずなのにね。だから、いじめをなかなか親にも言えないという関係性ができてしまっているということを、親が考え直していかなくてはいけないと思います。

あと、相槌に関するご質問がありました。私は「ほお」という言葉を使っていました。ただ、最近は年寄り臭くなってきたので、大抵は「はあ」「うん」などを使っています。

これは皆さんへの忠告ですけれども。日本人の治療者は、大体相槌が多すぎるので、相槌は少なめでいいのです。皆さん、外国人と電話で話したことありますか。すると、ほとんどの人は黙っているのです。相槌を打たないから、本当に聞いているのかと心配になるのですけれども、相手はしっかり聞いていています。面と向かっているのであれば、聞いているということが相手にわかりますから、いちいち相槌を打たなくてもいいのです。

適切な相槌はとても大事なので、自分がどういうときにどういう相槌を打つかということをきちんと自覚してください。治療者がうなずいたり相槌を打ってくれるかどうかということは患者にとって非常に大きな問題で、相槌を打ってくれるとホッとするなど、いろいろと聞くので、気をつけて相槌を打たないといけない。

皆さん、村上春樹さんと小澤征爾さんの『小澤征爾さんと、音楽について話をする』（新潮文庫）という本を読んだことありますか。村上春樹さんが小澤征爾さんと対談をしているのですが、村上さんの相槌が「はあ」と書いてあるのです。小澤征爾さんが、森進一が好きだ、都はるみが好きだなどと言うのですよ。そうすると村上さんが、半分呆れたように半分感嘆したように「はあ」と言うのですよ。相槌の打ち方が非常に巧みだなと思って感心しました。

成田：何かこの場で質問のある方はどうぞ

Ａ：本日は、ありがとうございます。先生のお話で、自我理想の形成を困難にする原因としてモデルの不在というものがあったと思うのですが、僕自身もモデルの不在だったと思っています。

モデルの具体例はどういうものなのでしょうか？　想像ができないので教えていただけますか。

成田：それは、なんでもいいのです。近所のおじさん、学校の先生、同級生の誰か、スポーツクラブの先輩でもいいのです。自分はあの人が好きで、あの人のようになりたいと心の底から思える人がいい。しかも、その人のどういうところが好きだから、どういうところが優れているからなどと簡単には言えないけれども、何か惹かれるという人がモデルです。

私は、伊藤克彦先生という人が師匠なのですけれども。それはなんとなく好きだったから、弟子になったのです。伊藤先生のこういうところが優れていて、こういうことを学びたいから、といって弟子になったわけではない。伊藤先生は、もう亡くなってしまいましたけれども。伊藤先生から何を学んだか。一つは患者さんに対する誠実な態度。二つ目に自前で考えていく姿勢、ですね。それから若い者の親分になろうとしないということと。もう一つ、来る者拒まず去る者追わず。こういうのが、伊藤先生の特徴だったと思います。

だけど、伊藤先生からそういうことを学ぶということを、私が弟子になろうと決心したときに意識していたわけではありません。

だから、その人からどういうことを学んだかということは、実はその人から別れるときに初めてわかる。なので、モデルというのは、好きな人やなんとなく気に入った人や「あの人は、どうも私には測りがたいものをもっている」と思える人ならば、それは、同級生でも学校の先生でも誰でもいいのです。

A：そうすると、複数のモデルをもっていてもいいし、あとはモデルが自分に少し合わなくて変わってしまうということもあってもいいのでしょうか。

成田：そういうことも、あると思いますけれど。ただ、私の中ではそういったことはあまり生じませんでした。生涯に渡っての師になった。ただ、良い師匠を見つけたり、良い弟子を見つけるということには運が必要ですね。

なので、「なんとなく好きで、なんとなくこの人の側にいたいな」と思う人を見つけるということが大事なことだと思います。変わってもいいと思います。

A：ありがとうございました。

補記

本稿は二〇一九年四月二十一日に東京で行われた金剛出版主催のワークショップ「児童・青年臨床セミナー」での私の講演「青年期の発達課題」の記録に若干の修正を加えたものである。私は四十歳をすこし過ぎたころから青年期をテーマに講演する機会を数多く、おそらく十回以上与えられた。その多くは一時間程度の講演であったが、この日は午前、午後合わせて五時間を与えられたので、これまでに行ったいくつかの講演の総まとめのような内容になった。だから以前の講演と重複するところも多い。しかし、ここ四十年程の間にわが国の社会文化状況は大きく変化し、それに伴って青年期の病像もかなり変化してきた。また、その都度の講演での参加者からの意見や質問に刺激されたりして、私の考えもすこしずつ変わってきた。それらをふり返り、まとめたものが本稿である。

私は学会や研修会での三十分から一時間程度の講演の場合は必ずフル原稿を作り、それを読むことにしているが、さすがに今回は数時間分の原稿を作ることができなかったので、だいたいこういうことを話そうという大ざっぱなメモを作り、これをレジュメにして参加者に配布し、私もそれを見ながら比較的自由に話した。そのせいか途中で脱線したり、以前の講演では用心して言わないようにしていた余談まで話してしまった。校正するときにそこを削除しようか迷ったが、これも私だと思いそのままにした。勝手なことを言っているところもあるが、寛容な心をもって楽しんで読んでくださるとうれしい。

心理療法の本質と実践

【成田】成田です。体力の関係で座って話をさせていただきます。先ほどから過分なご紹介をいただいて、話しにくいんですけど、「心理療法の本質と実践」という大変大きなタイトルをつけてしまいました。藤原先生にお電話をいただいて、クライアント一人ひとりに向き合うことの大切さについて話をせよと言われたのですが、まだ内容について考えがまとまっていないときに、事務局の方からまずタイトルを出せと言われまして、こういう大きなタイトルにしておけばなにを話してもいいだろうということで、大きなタイトルになってしまいました。

しかし、その後内容を考えているうちに、だんだんこのタイトルでよいと思うようになりました。その理由の一つは、若いころに、といっても四十歳のときですが、『精神療法の第一歩』という小冊子を書きました。そのときに「精神療法とは何か」という一章を設けましたが、はっきり精神療法を定義することはできませんでした。「精神療法とは、精神療法とは何かと常に問い続けることだ」と書いたことを思い出します。それからもう三十数年たちました。この機会に、いま私が精神療法をどう捉えているかをあらためて考えてみようと思ったというのが一つの理由です。

私は大学と大学院での教育に多少携わりましたけれども、精神科臨床医として医療現場で長く働いてきました。本日は教育現場で働いていらっしゃる方が多いかと思いますけれども、心理療法とはなにかということに関しては共通する問題意識をもたれる方も多いのではないかと思います。

もう一つの理由は、このごろ心理職と他の職種の方々との連携・協働が大変重要視されるようになっています。もちろん連携・協働は重要ですが、しかしそれが強調されるあまりに個人心理療法、特に治療者と患者が心を傾けて行う心理療法の価値が切り下げられているような気がして、この機会に個人心理療法の意味と価値についてもう一度考えてみたいと思ったからです。私は臨床医で、精神療法、患者という言葉に慣れ親しんでいるので、そっちの言葉を使うこともあるかと思いますが、きょうの話に関する限りは心理療法、クライアントということばとほぼ同義だと思ってお聞きください。

心理療法の本質と実践

はじめに

Ⅰ　連携・協働の必要性と問題点

連携・協働はなぜ必要なのか

心と身体の分断，身体各部の分断

居場所の分断，時間の分断

他職種のかかわり

「援助はされる方よりする方がずつと気持のよいもの」

心理臨床家は患者一人ひとりと向き合い，こころと身体をつなぎ，居場所をつなぎ人生をつなぐ

他職種から信頼されることが必要

総合病院での私の経験

Ⅱ　心理療法的関係の二重性

心理療法的関係は専門的職業的役割関係であるが，そこには生身の関係が入り込んでくる

治療者の葛藤，境界侵犯の恐れ

「先生はどうせ私を患者としか思っていないのでしょう」

「先生には医者と患者としてでなく，人間と人間として接してほしい。病気の人間が本当に求めているのは，そういう関係なんです」

職業的役割関係とは

①特定の領域において知識と技術をもつ専門家とその専門家に援助を求める依頼者との関係

②ある目的達成のための手段としての関係

③非対称的関係

④金銭の授受がある

生身の人間関係とは

①生身の人間と人間の関係

②それ自体が目的の関係

③対称的関係

④金銭の授受はない

図1　レジュメ①

Ⅲ　**治療者の役割と患者の役割**

治療者の役割

①患者の依頼に応えうる知識と技術をもつ（と想定される）専門家として患者の依頼を受け入れる

②治療構造を設定し維持する

③患者に傾聴し理解する――患者の本当に言いたいことを聴きとる

④理解したところを患者に言葉で伝える――それによって患者の問題（不安・葛藤）を患者の中に差し戻す

⑤治療者の役割を少しずつ小さくする――治療者でなくなるよう努める

患者の役割

①自分の問題（不安・葛藤）の解決を求めて専門家に援助を依頼する

②治療構造を守る

③自分の内界を包み隠しなく言葉にする

④自分の言動の意味を理解する――それによって自分の問題を自分の中に受け入れる

⑤自分の問題に自分で対処するように努める――患者（依頼者）でなくなるよう努める

ここで示した患者の役割は理想的役割であって，現実の患者はここから逸脱する

治療とはその逸脱したところに注目し，その由来と意味を探究すること

Ⅳ　**心理療法の目的**

「治療者は患者にどういう人間になってほしいと思っているか」

そんなことは神様の考えられること

主観的苦痛の軽減と現実適応の改善

患者に自らの不幸を直視することを促す

自己を知り自己を律する自立した個を目指す

おわりに

個であることの実存的孤独

それゆえに互いにいつくしみ合うこと

図1　レジュメ②

I　連携・協働の必要性と問題点

はじめに、連携・協働の必要性とそれがもっている問題点について若干触れたいと思います。まず連携・協働が必要になってきた理由を考えてみます。先ほど言いましたように私は臨床医でしたので、医療現場について考えてみます。医学・医療は日々進歩し変化しておりますが、その本質はそれほど変わっていない。すなわち、目に見えない心ではなくて、目に見える身体を対象として、その障害や欠損といったマイナスの価値を取り扱います。さまざまな検査によって、その障害や欠損の程度とか範囲とか性質を見定めます。そして、物理・化学的、さらには生物学的方法によって原因を除去し、障害を取り除こうとするわけです。時には障害を被った、あるいは欠損した部位を代替物で置き換えます。たとえば目の人工レンズとか。私自身、両眼が人工レンズですが。あるいは、透析で腎臓の代わりをするとか、人工心肺とか臓器移植とかですね。そういうことによって生命を救おうとしています。

つまり、そこでは一人の人間ではなくて、一個の身体が対象になります。人間は心と身体をもった全体ではなくて、一個の身体とみなされて、しかもその身体はいくつかの部分、胃とか肝臓とか脳とか手足とかの集合からなる一つの機械のようにみなされます。そういう身体を一つの機械のようにみなす見方を機械論的身体観と言います。近代医学はそのような人間観によって発展してきました。私はこういう進歩の在り方を非難するつもりはまったくありません。こういう進歩によって多くの病が改善し、多数の生命が救われています。私自身もこういう医学・医療の進歩の恩恵を多大に受けています。

しかしながら、そういう進歩の陰で、心と身体をもつ一人の人間、その内面とか主体性とか歴史とか関係性は省みられることが少なくなってきたのです。こういうことへの反省として、各科の連携・協働が必要になってきました。かつて、一人の医師がすべての病を診療して、患者の人生全体にかかわることができた時代には、連携・協働はそれほど必要ではなかったのです。

さらに最近では、入院してもその病気が治るまでその病院にいることが難しくなってきています。場合によっては、入院したらすぐに次の転院先を探さなければならない。病院が機能別になっていて、急性期の病院、慢性期の病院、リハビリ専門の病院、あるいは末期のホスピスなどに分化しています。極端な言い方かもしれませんが、病む人の居場所や時間、生活や人生も分断されているわけです。心と体の分断、それから身体各部の分断のみならず病む人の時間や居場所も分断されつつあるのではないかと思います。

それからさらに、病む人の治療とか福祉が病院だけではなくて、地域へと広がりつつあります。そこでは病む人を一人の生活者として捉えて援助することが求められます。そのためには、病む人がそこで生活している社会や文化を知らなければならない。心理職の仕事はますます広がって、教育とか福祉とか産業とか、場合によっては司法とかにかかわる人たちとの連携・協働が必要になって、一人の患者に実に多くの人たちがかかわるようになります。

それは必要なことですが、そこでさまざまな問題が生じていることも事実です。一つは、おのおのの専門家がクライアントについて知り得た情報とか理解を、どのように、どの程度他のスタッフ、職種に伝えるかという問題があります。特に心理職は外的な事実だけではなくて、内面というか、心を取り扱うので、そこで得られた情報をどのように他のスタッフに伝えるか。多くの人がかかわればかかわるほど、情報伝達の透明性が問題になると思います。一方で、我々には守秘義務があります。そこをどのように扱っていくか。また、情報を伝える場合にどういう言葉で、どこまで伝えるか。それが大きな課題です。既にスクールカウンセラーの方はそういう問題に日々直面しておられると思います。

それからもう一つは、患者に多数の人がかかわるわけですが、その間で競争とか対立とかが生じることがあります。多くの人がかかわれば必然的にそういうことも起こりうる。それから、患者のもっている問題、たとえば分裂という防衛機制によって、患者がある人にはあいう顔をし、別の人にはこういう顔をするということがあり、それによってかかわる人たちの間に分裂・対立が生じることがあります。つまり、個人の病理がかかわる人たちという集団のダイナミクスに影響を及ぼしますし、またその逆もある。そういうことを本当に理解してかかわるには、まずその個人と深くかかわらなければいけないわけです。そういうことを踏まえた上で、多くのかかわる人たちをコーディネートしていくことが心理職に要求されます。

それから、ある患者さんの言葉に、「援助とは、するほうがされるほうよりずっと気持のよいものだ」というのがあります。そのとおりだと思いますね。つまり援助をされる人は、自分より気持がよいと感じているであろう人たち、そして、自分よりもおそらくは幸せな人たち、そして、自分とは考え方、文化を異にする人たちと数多く会わなければならない。そこでは気遣いも必要でしょうし、自尊心が傷つくこともあるでしょう。連携・協働とは病む人にとってそういう意味があることを知っておく必要があるのではないか。

こういうときだからこそ病む人に敬意を払って、その全体を受け止め、生活に配慮し、人生を考えながらかかわることが必要なのです。そして、そういうことができるのが心理職であり、心理療法家だと思います。まず一人の人間と向き合って、その人の人生にかかわり、そしてその人を深く理解しようとする。そういう立場からどういうふうにかかわったらよいかを考えて、ほかに多数の人たちがかかわるわけですが、その人たちをコーディネートしていく。それが心理職の仕事です。そういうことのできる専門家として、他職種から信頼されることが重要です。信頼されて初めて連携・協働に進むことができます。ですから、個人と深くかかわることの重要性はむしろ大きくなっていると思います。

私自身の経験を少しお話しします。私は三十七歳のときに大学の精神医学教室を辞めて大きな総合病院の中の小さな精神科で働くようになりました。いまから四十年ほど前です。そこでは精神科以外のさまざまな科の患者と出会って、多くの科の医師とかスタッフとかかわることになりました。それまで精神科の中だけで仕事をしてきて、さて、総合病院で働くようになったら、身体医学について自分の知識や技術があまりにも乏しいということに気づかされて、自分でも驚いてしまいましたし、他科の医師やスタッフは「あれでも医者か」とさぞあきれていただろうと思いますね。私から見て精神科に対する偏見と思われることもありました。

まず、一人の患者と五十分も面接室に閉じこもっているということは、忙しく働いている他のスタッフに対して申し訳ないなと思わざるをえませんでしたし、病棟には面接室もデイルームもそのときはありませんでした。レクリエーション療法をやろうとしても、遊んでいると奇異の目で見られましたし、ナイトホスピタルも院長に差し止められました。病院は治療の場であって、遊んだり仕事をしたりできるなら退院させろということです。後から思うと、むしろそれが社会の常識だったと思います。

精神科医であることを隠して面接してくれという依頼もありました。それから、主治医から「子どもを診てくれ」という依頼があったので小児科の病室に回診したら、母親に病室の外に押し出されました。自分の子どもが精神科医にかかることを、同室のほかの子どもやその親に知られたくなかったのでしょうね。要するに、それまで私が仕事をしてきた精神科とは別の社会、別の文化に出合ったという印象でした。それから、精神科は科としての収入が少ないので、そのことでも肩身の狭い思いをしました。私自身自尊心が傷ついたり、周囲の無理解を嘆きたいという気持にもなりました。

しかし、その中で依頼のあった患者一人ひとりに丁寧に向き合って対応する、そしてえられた理解を依頼者に返すということを繰り返していくうちに、だんだんみんなが信頼してくれるようになって、コンサルテーション・リエゾンの仕事ができるようになりました。腎透析とか腎移植とか熱傷患者とか、ほかにもかかわりましたけれども、医療チームの一員として定期的なカンファレンスに出るとか、たとえば腎移植のレシピエント全員に面接するとか、そういったことができるようになりました。

教育現場に入っていく心理職の方々もいままで自分がなじんできた文化とは異なる文化の中に入っていくことになるでしょうね。そこでは独自の組織があって、独自の原理があり、私どものなじんできたのとは異なる文化があります。まずそれを理解することが大切で、こちらから見ると違和感をもつことが多いのですが、先方もこちらに違和感をもっているでしょう。そこに入っていって、信頼を得ていくこと。そして、個人の重視とか内面、主体性の尊重、その人の生活や歴史や関係性の重視といった、こちらの文化を少しずつ浸透させていくように努めなければならないと思います。

Ⅱ　心理療法的関係の二重性

ここからは、私が心理療法の本質をどう捉えているか、そしてそれをどのように実践しようとしてきたかを述べたいと思います。

心理療法的関係は、それが専門的職業的役割関係でありながら、そこに生身の人間関係が入り込んでくるところが特徴だと思います。三十年ほど前になりますが、境界例の一女子高生からこう言われました。「先生には医者と患者としてでなく、人間と人間として接してほしい。病気の人間が本当に求めているのはそういう関係なんです」と。事情があって前主治医の若い女医さんが現場から離れざるをえなくなって、私が治療を引き継いだ初めての面接のときに彼女にそう言われました。

そして、彼女は「前の先生との関係は本当の友だちのようでした」と言いました。そのとき、私はどう答えていいか非常に当惑したのですが、「あなたの役に立つよい医者でありたいと思っている。前の先生もそう思っていたのではないか」と答えました。それで彼女が引き下がってくれたのでその場は収まりましたけれども、この問いにどう答えるべきか、医者と患者としてではなく、人間と人間としてかかわってほしいという問いかけにどう答えるべきかが、その後ずっと私が考えるテーマになりました。

それより前に、ある先輩の男性医師が話してくれた患者の言葉が思い出されました。この先輩は非常に精力的な熱心な治療者で、ある女性患者を担当していた。初めはうまくいっていたのですが、しばらくたつうちに、患者が治療者の自宅に電話をかけてくるとか、私的な手紙を出すとか、治療者の行く先々まで追い回したり自宅まで訪ねてくるようになって、治療者の私生活が侵害されるに至りました。困惑したその治療者が「治療のルールを守ってくれなくては治療が続けられない」と言ったところ、その患者が激しく怒って、「どうせ先生は私を患者としか思っていないのでしょう」と大声を上げて治療者を散々罵った。この医師は、患者の非難に鞭打たれるように感じて、黙ってこの罵倒に耐えていたという話を私にしてくれました。

先ほど触れた若いころに書いた本の中にこのエピソードを取り上げたことがあります。その当時の私は次のように考えていました。患者が「先生は私をどうせ患者としか思っていないのでしょう」という言葉を治療者への非難の言葉として言った、そして、治療者もこの非難が不条理だとは思わずに鞭打たれるように感じたというのですが、これは考えてみれば不思議なことです。心理療法家と患者の関係は職業的な役割関係ですから、治療者は患者を患者と思わなければいけないので、患者以外の何者か、たとえば親とか恋人とかと思うようになってはそれこそ問題でしょう。だから、治療者は「もちろん患者と思っていますよ」と答えればよかったので、別に鞭打たれるように感じる必要はなかった。治療者は患者を患者と思い、患者は治療者を治療者と思い、互いにそれ以外の期待を抱かないことが必要なのだと。当時の私は、四十歳のころですが、こう考えて整理をつけたつもりでした。

ところが、それから十年ほどたって、私が治療者としての中年期を迎えたときに、先ほどの少女の言葉を聞いてドキリとしたのです。はたして医者と患者という職業的役割関係に終始することが患者を救うことになるのか。むしろ、患者を失望させ、傷つけることになりはしないか。職業的役割関係の中にとどまろうとすることは、患者のためというよりは私自身のためではないか。私自身が傷つかないための自己防衛に過ぎないのではないかと。ちょっと青い悩みといえばそうかもしれないが、そういう疑いが私の心の底にくすぶっていることに、先ほどの少女の言葉であらためて気づかされたわけです。こういう葛藤を心理療法家はもち続けざるをえないのではないかという気がします。教師と生徒という関係においても、職業的役割関係と生身の人間関係の二重性はきっとあると思います。教師のほうが生身性の占める割合が多いかもしれない。

1　専門的・職業的役割関係とは

一体、専門的職業的役割関係というのはどういうものかということを考えてみます。職業的役割関係というのは、特定の領域において知識と技術をもつ専門家と、その専門家に援助を依頼する依頼者との間の関係です。心理療法的関係も専門的職業的役割関係だということが、心理療法のたいていの教科書にはどこかに書いてありますね。床屋さんの教科書には、読んだことがないのでわかりませんけれども、たぶんそういうことは書いてない。あまりに

精神医学

中井久夫　拾遺

高 宜良＝編

きらびやかな感性と卓越した観察眼を高度の平凡性にかえて「義」を貫いた精神科医の生涯とその治療観をたどる。

3960円

精神科医という仕事
日常臨床の精神療法

青木省三＝著

本書には、四十年を越える臨床経験から、日常臨床で応用可能な精神療法面接のこつが詳細に解説される。

3080円

精神障害

統合失調症の個人面接ガイドブック

池淵恵美＝著

統合失調症の治療とリハビリテーションの要、生活臨床と認知行動療法をベースとした個人面接のすすめ方を初診時から詳しく解説。

3300円

自殺

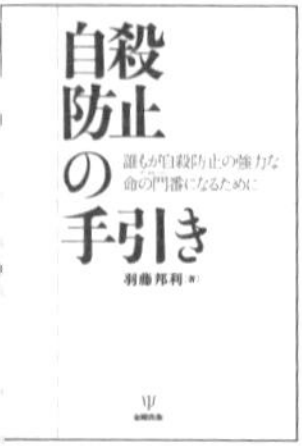

自殺防止の手引き
誰もが自殺防止の強力な命の門番になるために

羽藤邦利＝著

精神科医歴50余年。長年自殺防止活動に携わり、1万人を超える診療経験に裏打ちされた「自殺防止活動のための手引き書」

3080円

も自明なことで、わざわざ言う必要がないからだと思います。

しかし、心理療法過程では専門的職業的役割関係に必ずしも収まりきらない事態が生じます。専門家としての役割が要請することと、一人の人間としての自分の気持との対立とか葛藤に悩んだことのない治療者というのはまずいないのではないか。たとえば、中立的であれと役割が言う、なぜもっと手を差し伸べないのかと人間が言う。あるいは、この人に会って理解せよと役割が言う、でも、こんな人には会いたくないなと人間が言う。その種の葛藤に心理療法家は直面したことがあるはずです。教育に携わる人たちにもこういうことはあるのではないかと思います。

専門家と依頼者の職業的役割関係とはどういうものかをもう少し考えてみます。職業的役割関係というのは、一つには、関係の外に目的が立っていて、関係はその目的達成のための手段としての関係であるというのが特徴で、関係そのものが目的ではありません。たとえば私が床屋に行くのは散髪をしてもらうという目的があって行くわけで、床屋さんの主人と人間関係を結ぼうと思って行くわけではないですね。床屋さんの主人は散髪という専門的技術を行使します。私はそれに協力する。要するにじっと座っている。両当事者は関係の集結に向かって協力して、なるべく早く関係が終結することを目指すわけです。

私たちが通常医者にかかるのもそのようなことで、たとえば腹痛を治してもらうためにかかるので、その医者と情緒的人間関係を結びたいと思って行くわけではない。結果としてそれが生じることもあるでしょうけれども、少なくとも目的ではない。そして、両当事者のかかわり方には差というか重みの違いがあります。たとえば患者にとってはただ一人の医者であっても、医者にとってはたくさんの患者の中の一人に過ぎないというアシンメトリーな、非対称的な関係です。そして、目的が達成されれば関係は終る。散髪が終れば、私は料金を払って店を出て、両者は再びなんの関係もなくなります。専門的職業的役割関係というのはそういうものですね。

2 生身の人間関係

これに対して、生身の人間関係というのは、その関係自体が目的です。たとえば夫婦関係は夫婦であることが目的であって、なにか他の目的のために夫婦であるということは原則的にはないわけですね。もちろん例外はあります。国籍取得のために一時的に夫婦になるとか、相手に早く死んでもらって遺産を相続するために夫婦になるとか、そういうことはあるでしょうけれども、例外的なことですね。関係自体が目的ですから、関係を結ぶにあたって両当事者が関係をできるだけ早く終らせようと願うことはないわけです。できるだけ早く離婚しようと思って結婚する人はめったにいない。金銭の授受もありませんね。それが職業的役割関係と生身の人間関係の大きな違いです。

心理療法的関係は、職業的役割関係として出発しますけれども、治療過程でそこに生身の関係が入り込んでくるわけです。たとえば治療者に会うということは、出発点では治療のための手段ですけれども、そのうちに会うこと自体が目的になってしまう患者もいます。面接の中で患者は治療者を、たとえば父とも母ともみなして、本来父や母に向けるべき感情を向けます。治療者のほうも患者に対して専門家としての役割を超えた感情を抱くことがある。そしてそれを口にしたり、行動に移したりすることがあります。多くの場合、そういうことは治療者としての役割を逸脱する境界侵犯、バウンダリー・バイオレーションということになって、不幸な結果を招きます。たとえば、治療者が患者と性的関係をもってしまうということが生じる場合もあります。

しかし一方で、治療過程の中で治療者が生身の感情を表出することが治療的に大きな意味をもつこともあります。たとえば面接の中で患者の話を聞いて、治療者が思わず涙を流すということが大きな転機になることもあります。治療者の率直な自己開示が停滞していた治療過程を大きく進展させることもあります。ここのところをどのように統合していくか。生身性を職業的役割関係の中に組み入れるか、組み入れないか。組み入れるとしたら、どのように組み入れるか。そういうことが私たちが日々直面している課題だと思います。

治療者の役割と患者の役割を私なりに整理してみたことがあります。私が学んできたのは精神分析的な精神療法ですので、それを念頭に置いてお話ししますけれども、他の学派の精神療法にも共通するところがいくつかあると考えています。

Ⅲ　治療者と患者それぞれの役割について

治療者の役割は、レジュメに書いておきましたけれども、一つは患者の依頼に応え得る知識と技術をもつと想定される専門家として、患者の依頼を受け入れるということです。二番目には、治療構造を設定して維持するということ。三番目に、患者に傾聴し理解する。患者の本当に言いたいことを聞き取るということが大事なことですね。ここまではたぶんいろいろな心理療法に共通することでしょう。四番目が、理解したことを患者に言葉で伝達する。それによって患者の問題、不安とか葛藤とかをいま一度患者の中に差し戻す。五番目が、面接の中で治療者の役割を少しずつ小さくする。つまり、治療者でなくなるように努める。私の整理ではこれが治療者の役割です。この役割を守る人を治療者と呼ぶ。

これに対応する患者の役割は、自分の問題の解決を求めて専門家に援助を依頼する。二番目に、治療構造を守る。三番目に、自分の内界を包み隠しなく言葉にする。四番目に自分の言動の意味を理解し、それによって自分の本来の問題をもう一度自分の中に引き受ける。五番目に、自分の問題に自分で対処するように努める。つまり、依頼者でなくなる、患者でなくなるように努めるということです。以上が患者の役割ではないかと思います。

1　治療者の役割

それで、それぞれの役割を説明します。治療者は患者の問題の解決に役立つ知識と技術をもつ専門家として患者の依頼を受け入れます。実際にそういう知識と技術をもっているかどうかは実はわからないのです。わからないのですが、患者は治療者はそういうものをもっているだろうと思ってやってくるわけですね。治療者自身ももっていると思ってやり始める。これはあたり前のことのようですが、必ずしもそうではありません。

たとえば、治療者になったばかりの初心の治療者は自分がまだ専門家として十分な知識と技術をもっていないと思うので、専門家として患者の前に立つのを恥ずかしく思って、たとえば兄のような気持でとか、あるいは母のような気持で接しようと思います、実際に若い人にそういうふうに言う人もありますね。

しかし、患者は兄や母に会いに来るのではない。専門家に会いに来るわけですね。兄や母で事が済めば、わざわざ専門家のところには来ないでしょう。初心者といえども、専門家として患者の前に立たなければならない。経験のある治療者でも、治療の途中で専門家であることを放棄したくなることがあります。われを忘れて自分の生身の感情を患者にぶつけたくなるとか、あるいはぶつけてしまうということもありますね。だから、患者の前に常に専門家として現れているということは重要なことです。

　その次に治療者がすべきことが、治療構造の設定ということです。外来にするか入院にするか、どこで面接するか、どのくらいの頻度で、一回どのくらいの時間面接するかとか、料金はどうするかとか、治療の物理的諸条件を定めて、それを維持することが治療者の仕事です。なぜこういうことをするかというと、構造によって面接の内容が影響を受けるわけですね。あるいは内容がある種の構造を要請するということがあります。たとえば、学校で会うのと病院で会うのとではクライアントの語ることは非常に違ってきますね。あるいは、廊下での立ち話とプライバシーの保てる面接室での話とでは内容が違ってくる。五分会うか五十分会うかによっても大いに違ってきますね。また、内容によって五十分が要請されるということもあります。内容と構造の関係にいつも留意していくということが治療構造論的な考え方ということです。

　構造は、意図的構造と非意図的構造に分けられます。組織の中で働く治療者にとっては治療構造は既に定まっていることが多いでしょうね。つまり、治療者にとって非意図的なものです。たとえば、私がクリニックで面接するときには使う面接室は決まっていますし、一般再来では一人の面接時間は十五分以内にしなければいけないと。私は初めクリニックで働いたときには時給で雇われておりまして、「先生の時給を出すには一時間に最低四人は診てもらわないと」と言われたので、十五分以内にしなければならなくなったんですね。そのうち忙しくなって七分三十秒とかいろいろ変わるのですけれども。それから、料金は保険診療となっています。ですから、これらは私にとって非意図的な構造なわけですね。

心理の方々も、たとえばスクールカウンセラーも非意図的構造の中で仕事をすることが多いのではないかと思います。自分が意図的に設定した構造の中で仕事をしているとき、たとえば面接の頻度や時間や料金を自分の意思で決めている場合には、それが患者にどう受け取られるかを意識して考えるようになりますけれども、非意図的構造についてはそれが初めから与えられているので、あまり考えなくなってしまう恐れがあるように思います。非意図的構造といえども、それを患者がどのように体験しているかを常に考える必要があります。

現在、多くの心理臨床家にとっては、自分の属する組織の中で心理療法がよりよく行える構造をつくっていくということが大きな仕事になっているのではないかと思います。そのためにも、周囲のスタッフや管理者の理解を得ることが大切で、構造をつくっていくこともいまや心理療法家の大きな役割です。

その次に、治療者は患者に傾聴し、理解しようとします。患者に対する無知、なにも知らないということを前提として、理解したいという純粋な好奇心をもって聞くということです。患者の本当に言いたいことを聞かなければなりませんが、これが多くの治療者にとって難しいことです。特に、医師にとっては難しいことですね。医師は患者の言いたいことを聞くというよりも、医師の知りたいことを聞きます。医師の知りたい情報が得られるように聞いて、それに基づいて患者を診断体系のどこに位置づけるかを決めようとして聞くわけです。医師に限らず、専門家というものは自分のもっているある見方で自分の依拠しているある体系の中に相手を位置づけようとして聞くものですね。心理職もこういう聞き方をすることもあると思います。それはそれで非常に重要で必要なことです。

ただし、これだけでは患者は話を聞いてもらったとは思わないし、まして本当に言いたいことが言えたと思うことはありません。本当に言いたいことというのは、実は当人にもよくわかっていないことが多いのです。治療者に向かっていろいろ語っているうちに、それまで意識していなかったこと、思ってもいなかったことを話している自分に気がつくわけです。それを話し終ったときに、「ああ、これこそ本当に自分が言いたかったことなんだ」と気がつくんですね。患者にとって本当に言いたいことというのは、新しい発見なのです。そして、話してしまえば実は以前から心の中にあったことなのだと思うのですね。新しい発見であると同時に、以前から心の中にあって、もっと前に気がついていてもよかったことなんだと、ある種懐かしい気持になる気づきなのです。これこそずっと前から本当に言いたいことだったのだと。

患者が本当に言いたいことが言えたと思ってくれるように聞くには、相当な訓練が必要です。ただ受け身的に聞いているだけでは、患者は先生はただ話を聞いているだけでなにも変わらなかったというふうに言いますね。患者の語ることを聞きつつ、時には問いを発しなければならないのですが、その問いは患者がいままで問われたことのない次元から発せられた問いであることが必要になります。たとえば、患者にとってはあまりにも当然だからいままで疑問に思ったこともないようなことを聞かれる必要がある。

しかも、そう問われた患者がその問いを自分の心の深みから発せられた問いのように聞いてくれるのが理想なわけですね。患者の深いところへの共感がないと、そしてそれにもかかわらず共感しきれないところ、患者の中に自分のわからないところが見えてくるという能力がないと、こういう問いを発することはできません。患者に「内在」、これは私の言葉で、患者の内側に入ろうというのですが、患者に「内在」しようと努めて、しかも、自身の中に患者と共通する人間としての普遍的な体験を見出すことができるかどうかが大事なことです。これは言うは易く行うは難し、です。私にとってもこれは願いですね。祈りのようなものです。

そしてその次には、理解したことを患者に言葉で伝える。これは精神分析の仕事ですね。たとえば患者が心細くて抱きしめてほしいと思っていると理解したら、「心細くて抱きしめてほしいのですね」と言葉で伝えます。実際に抱きしめるわけではない。ただ、その欲求を患者にはっきり自覚してもらうだけです。ですから、患者は抱きしめてほしいという気持を自覚すると同時に、抱きしめてもらえないという現実に直面することになります。要するに、患者は欲求充足ではなくて欲求不満、フラストレーションを体験することになるわけです。こういうとき、たとえば「抱きしめてほしい気持なのですね」と言うときには、治療者は実際に患者を抱きしめたい気持になっているものなんです。そういう気持になっているからこそ、「抱きしめてほしいのですね」と実感をもって言えるわけです。この「抱きしめてほしいのですね」という解釈は「抱きしめたい」という逆転移に裏打ちされているのです。

そうでないとき、治療者は患者を客観的に観察して、患者を描写しているだけですね。患者はこういうことにどこかで気づいて、むしろ自尊心が傷つけられることになります。要するに観察の対象となっているだけだということは、自尊心が傷つくんですね。ですから、治療者が患者をどう理解したかを伝えるとき、分析の用語では解釈するとき、治療者の言葉は自身の主観的な体験、広い意味での逆転移に裏打ちされていなければならないのですね。これが、解釈をするときに大事なことだと私が思っていることです。

治療者はこういうときにあるもどかしさを感じるものです。患者を見て、聞いて、理解はするけれども、抱きしめるという行為には結びつかない。ですから、さっきも言いましたが、患者は抱きしめてほしいという願望を自覚すると同時に、実際には抱きしめてもらえないという事態に直面するわけです。おそらく幼児期以来、そういう願望が満たされなかったであろう患者の人生がそこに凝縮して現れるわけですね。つまり患者はフラストレーションを、自身の不幸を直視せざるをえなくなるのです。

精神分析的な治療の本質というのは、患者にフラストレーションを体験してもらって、自身の不幸を直視してもらうということです。私が分析学会で初めて発表したとき、もう三十数年前ですが、聞いておられた小此木啓吾先生から「患者にフラストレーションを与えることを重要と考えているか」という質問がありました。だいぶ昔のことですし、このとおりだったか定かではありませんが、そういう趣旨の質問がありました。そのときの発表で、私が患者に欲求充足を与えようとしすぎているように思われて、精神分析の基本原則である禁欲原則を教えようとされたのだと思います。

私も精神分析を学びつつあったので、「原則的にはそう考えています」と答えたのですが、のちに「治療というものがそうならざるをえないことにある悲しみを感じています」と、少しきざですけれども、そういうふうに答えればよかったなと思ったことがあります。おそらくあらゆる心理療法にこういうことが生じていると思います。心理療法家の中にはこういうことに無力感を感じて、患者の不幸を直接救おうとして社会運動に転じる人も歴史の中ではあったようですけれども、私はそういうことができませんでした。

優れた心理療法家である村瀬嘉代子先生の言葉にこういう言葉があります。「心理的に援助するということは、社会・経済的な問題によって特色づけられ、規定されているにもかかわらず、それを心理的にどう対処するかという、幾分課題のすり替えを含む難しい問題である」。「課題のすり替え」という言葉はドキッとする言葉ですけれども、確かにこれはクライアントの生活に目を向ける良心的な心理療法家がときに感じることだと思います。

要するに、心理療法家はクライアントの不幸を直接救うことはできない。クライアントがみずからの不幸を直視し、みずからそれに対処することを期待し、促すことができるだけです。フロイトの言葉を借りると、「ヒステリーの悲惨をありふれた不幸に変えることができれば」、ヒステリーの悲惨な症状をありふれた不幸に変えるのが心理療法のできることだと。そうすることによって、患者は以前よりもいろいろな準備というか、戦略をもって自分の不幸に対処することができるということです。心理療法家はこういう心理療法の特質というか、限界をわきまえている必要があって、自分の仕事に謙虚でなければならないと思います。

そして、治療者はだんだん治療者でなくなるように努めるわけですね。つまり、患者が自分の問題を直視し、みずから対処するように促すわけです。これをもっと長いスパンでやるのが人の子の親ですけれども。

これはごく当然のように思われますが、ときには困難なことがあります。他者から依存されることはある意味心地よい場合があります。そうでない場合もたくさんありますが、ある意味心地よい場合がある。だから、ある人たちは依存されることを求めるということになりますが、そうなると治療者でなくなるよう努めることはできなくなります。こういうことは教育の場でも起こっているように思います。師が弟子をいつまでも手元に置いて、弟子の自立を妨げることもあるでしょうし、心理療法のスーパーバイザーもそのようにならないように留意すべきだと思います。

2　患者の役割

次に、患者の役割について述べます。患者の役割の第一は、自分のどこかに問題があると認識して、その解決に専門家の援助を依頼することです。このことは身体疾患の場合には当然のことではないかと思います。例外もたくさんあるようですけども。しかし、我々の診る患者の中には依頼者になってくれない人たちがたくさんあるわけですね。たとえばあるタイプのパーソナリティ障害の人は、自分の問題を自我異質的には捉えませんから、みずから悩むことがなくて、したがって治療を求めるということはありません。病識のない精神病者も治療を求めはしない。あるいは、薬物依存者だとか非行少年だとか犯罪者も治療を求めはしないでしょう。大人を信頼できない子どもたちもみずから助けを求めようとはしないでしょう。こういう人たちとも我々は面接しなければならない。「患者の中に潜在的な依頼者を想定して、それに働きかけることが必要になります。

たとえば、精神病者に対して幻覚や妄想などを直接問題視するのではなくて、それに由来する不安や不調を取り上げて、その解消のために受診するように促すなど、それぞれの現場で臨床家が苦労していると思います。要するに、依頼者になってもらうことをまずしなければならない。それが心理療法の第一歩です。

次に、患者の役割は治療構造を守るということです。面接の約束の時間に来て、面接時間が終われば帰ってくださいねと。約束の時間外に来たり、遅刻したり、延長を求めたり、急にキャンセルしたりしない。これが患者さんの役割ですね。ところが、現実の患者は遅刻をしたり、急にキャンセルしたり、面接時間が終っても帰ろうとしなかったり、ときには面接室の外で会おうとしたりするわけです。治療構造を設定するというのは、「この治療の中ではあなたにこういうふうに振る舞ってほしいのです」というこちらの期待を明確に伝えることです。たとえば、面接時間を三十分と決めますと、「三十分たったらさっさと帰ってくださいね」という期待が明確に相手に伝わることになります。

保健師の人たちの会議に講演に行ったときに、ある方から質問があって、「境界例の人がいつも来て話が長くなってなかなか帰ってくれないので困るんですが、どうしたらいいでしょうか」と。私が、「何曜日の何時に来てほしいと言ってあるのですか」と言ったら、「そんなことは言ってありません。なるべく来ないでほしいと思っているのに来てしまうんです」と。なかなか帰ってくれないと言うから、「何分面接すると言ってあるのですか」と言ったら、「そんなことは言ってありません。できるだけ早く帰ってほしいと思っているのに帰ってくれないのです」と言う。これではその患者を批判することはできません。「何曜日の何時に来てください、そうすれば何分お話を伺うことができます」と言っておかないといけない。それが治療構造を設定するということです。もちろん構造を設定したからといって患者がそれを守るとは限らないのですが、そうしたら、なぜ守れないかの探索に患者を誘うことができます。それが心理療法のテーマになるのです。

次に患者に期待されることは、自己の内界を包み隠しなく言葉にすることです。とりわけ、精神分析的精神療法は、心に浮かんだことを、たとえそれが取るに足りないことに思えても、あるいは言うのが恥ずかしいと思っても話してくださいねと約束して始めるものなのですが、ところが患者はなかなか心の内を話しません。沈黙したり、話題を無関係なものに変えたりします。それはときには意識的であり、ときには無意識的です。心の内にあることを言葉でなくて行動で表す患者もいます。面接への不満を口にするのではなくて、遅刻したり、無断欠席したりします。怒りを言葉にするのではなくて行動で、物を壊したり、暴力を振るったりします。心の内を包み隠しなく言葉にするということは容易なことではないのですね。自分でやってみれば、これが容易なことではないということはすぐにわかります。また、先に述べたように、患者自身にも自分の心の内が、本当に言いたいことがわかっていないこともあるわけですね。

その次に患者に期待されることは、治療者の介入を受け入れて、自己の言動の意味を理解して、自分の問題、不安や葛藤をもう一度自分で引き受けるということです。しかし、実際の患者はなかなかそうはしません。不安や葛藤を直視し悩むということはつらいことだからです。患者は治療者の伝える解釈をしばしば否定します。もちろん治療者の解釈が間違っていることもあります。また、不安や葛藤をみずから引き受けることをせずに、ひっきりなしに保証や確認を求めて不安を治療者に担わせようとします。あるいは、自分に代わってどうにかしてくれということになる。

そして、患者の役割の最後は、依頼者でなくなるよう努める、つまり、患者でなくなるように努めることです。患者は苦しんでいるので一刻も早く患者でなくなるよう努めるかといえば、実は必ずしもそうではありません。症状に悩むことで本来体験すべき不安や葛藤を免れるという利得、これを精神分析では一次疾病利得と言いますが、それがありますし、また患者であることによって社会的義務を免れ、世話や援助を受けることができます。これが二次的疾病利得。そして、なによりも治療者との関係を続けることができます。

精神科の患者というのはだいたい孤独ですが、孤独な患者にとって症状解消の手段であったはずの治療者との関係が唯一の現実的な関係になってしまうことがあります。ですから、意識的、無意識的に患者であり続けたいという人は珍しくありません。中には、治療者が自分を治せない無力な存在であることを証明して、勝利感を得たいと願っているとしか思えないような人もたまにはあります。あるいは、生物学的なハンディキャップのために、あるいは病の重篤さゆえに生涯患者であり続けざるをえない人もあるわけです。

以上のように考えていきますと、治療者の役割を守る人を治療者と言うのですが、患者の役割のほうは治療者が患者に期待する役割であって、必ずしも現実の患者にあてはまるものではない。いわば理想的な患者の役割です。その理想的な患者の役割の背後には、自己の不安や葛藤を自己の内界に保持し、みずから対処する自立した個、つまり、自己を知り、自己を律する自立した個人というものが想定されています。患者にそういうふうになってほしいというか、人間一人ひとりにそういう個であることを要請することが精神分析的精神療法の根幹にある人間観だと私は思っています。このことをフロイトは「エスあるところに自我あらしめよ」という言い方をしています。

自己を知り、自己を律する自立した個ということは、ある意味では厳しい要請で、治療者は患者にこういう厳しい要請をしていることを自覚していなければならないと思います。そして、治療者自身がそのように生きているかということを、振り返って考えざるをえないことがあります。

誤解のないように付け加えますけれども、これはなにもかも自分一人でやれというふうに要求することではありません。自己の限界を受け入れて、適切に依頼し、援助を受け入れることも自己を知り、自己を律することだと考えています。患者は、さっき言いましたようにこれは理想的役割ですから、この理想的役割からしばしば逸脱するわけです。フロイトは初期には患者のこういう逸脱をさせないように努めています。たとえば、思い出してくれない患者の額に手をあてて、思い出すことを強く求めるということをしていたのですが、しかし次第に回想しないこと、思い出さないこと、あるいは思い出せないことに意味があると考えるようになって、なにゆえ回想しないか、あるいは回想できないかを探究することが分析の仕事になった。抵抗分析ですね。

このように精神分析的精神療法の特徴は、患者に一定の役割を期待しつつ、一貫してこういうふうになってくださいということを期待しつつ、一方、現実の患者はそこから逸脱しますから、その逸脱に注目して、そこを概念化して、その由来と意味を探究することにあります。たとえば精神分析の用語で「抵抗」というのは患者が内界を包み隠しなく言葉にしないことですし、「行動化」とは内界を言葉でなく行動で表すことですし、「退行」とはいつまでも患者にとどまろうとすることですし、「転移」というのは患者が治療者に専門家としての役割以外、あるいは以上のかかわりを期待することです。

要するに、精神分析的精神療法というのは、患者が理想的役割を守らない、あるいは守れないところに注目して、そこに患者の目を向けさせて、なにゆえ守らないか、あるいは守れないかの探究に患者を誘う。そして、そのことを通じて、患者を理想的役割に引き戻そうとする営みの連続だと私は理解しています。このことが精神分析を長い間生き残らせて、しかもさまざまな精神療法を比較検討する際の基礎たらしめている理由だと私は思います。

もちろん他の学派においてもそれぞれの理論から患者に期待される役割はあると思います。ただ、患者がそこから逸脱するときには、その治療法の適応ではないとされるのではないか。たとえば、私はそちらの知識は不十分ですけれども、たとえば行動療法では治療者の指示する課題を実行しなければ、行動療法の適応ではないとされるでしょうし、内観療法では内観をしなければ、ご縁がなかったということになります。もちろんそれぞれの治療者がいろいろ工夫をして、患者をその治療法に乗せようと努力していることは私も承知していますけれども、理論として、逸脱をさらに理論に組み入れるというダイナミックな動きに乏しいように私には思えます。

私が精神分析に惹かれている理由は二つあって、一つは自己を知り、自己を律する自立した個というのがその基本的人間観だということ。もう一つは、患者がその役割から逸脱するところに積極的に注目して、その由来と意味を探究して、そこから理論構成を深めていること。つまり、理論が閉じていないということ。この二つが私が精神分析に惹かれている理由です。

Ⅳ　心理療法の目的

心理療法の目的ということをもう少しお話しします。あるところでこれから臨床心理士になろうとする人たちを対象に講演をしたときに、最後にこういう質問がありました。心理療法をするときに、治療者成田は患者にどういう人間になってほしいと考えているか。ある分析家は、患者を柔軟で十全な人間になるように援助すると言っているが、成田はどう考えているかと。そのときに私は、「患者にどんな人間になってほしいかなどとはあまり意識的に考えたことはありません。そんなことは神様の考えられることで、私の仕事はそれよりずっと手前の仕事で、主観的苦痛の軽減と現実適応の改善を目標にしている」というふうに答えました。それだけでも大変な仕事ですからね。

　しかし、考えてみると、主観的苦痛の軽減と現実適応の改善のために心理療法になにができるかというと、苦痛と不適応という不幸な事態を招いている責任が患者自身にもある。患者だけじゃないですよ。患者自身にもあるということに気づいてもらって、自分自身を変革してもらう必要があるわけですね。心理療法というのは、外的現実を変えることはできませんね。それに対処する患者自身が変わることを期待することができるだけです。つまり、患者に自己の不幸を直視し、自己を知り、自己を律する自立した個になってもらうことを期待することが心理療法にできることで、患者の不幸を患者に代わって担ったり解消したりすることはできないです。

　人間は、意図せずして一人この世界に投げ出されます。そして、有限の生を生き、意図せずして一人で死にます。生きている間のさまざまな困難を本人に代わってすべて担ってくれる人はいないのです。そんなことは原理的に不可能なことです。つまり、人は一人ひとり互いに他者であって、実存的な意味で孤独なわけです。それゆえにこそ、というか、そうだからこそ、我々は互いに慈しみ合わなければならない。心理療法の本質というのは、人が一人ひとり実存的に孤独であることを踏まえた上で、互いに慈しみの心を日々新たにするということにあると思います。日々新たにしていたい、我々の会う患者の中にはとても慈しんでおれないと思うような人たちもたくさんいるので、慈しみの心を日々新たにすること、これが心理療法家にとって一番基本的なことだと思っています。以上で終ります。聞いてくださってどうもありがとう。

臨床の方法としてのケーススタディ

Ⅰ　はじめに

臨床の中のケース・スタディ（事例研究）とはどのようなものか、よいケース・スタディをするにはどういうところに留意したらよいのかについて考えてみる。

Ⅱ　ケース・スタディとは

『広辞苑 第六版』で「事例」を引くと、「①事件の前例。前例となる事実。「希有な―」②個々の場合における、それぞれの事実」とあり、「事例研究法」のところをみると「一つまたは少数の事例について詳しく調査・研究し、それによって問題の所在・原因等を発見・究明しようとする方法。ケース・スタディー」とある。つまり事例（ケース）とはそのクライアントの個別性、具体性を明らかにすると同時に、それが一例となるような、ある一般性、普遍性に至ることを目指すものである。

心理療法的かかわりは人と人との一回限り性をもつ出会いであるから、ただちに一般化することはできない。まずそのケースがどういうケースであるかを個別的に詳しく描き出さねばならない。しかし一方で、土居（一九九二）の指摘するように、ケースとは何かのケース（一例）というわけだから、分類概念が前提になっている。たとえば「うつ病の一例」という場合、そのクライアントは特定の個人であると同時に、うつ病という病の一例ということになる。だからそのケース・スタディは、その特定の個人を研究することを通して、うつ病とは何かを明らかにすることに寄与しなければならない。さらに、うつ病は人間の病であるから、うつ病を研究することは人間が病むとはどういうことか、そして人間とは何かを理解することにつながるはずである。

もう一つ考えておくべきことは、心理療法のケースとは、単にクライアントがケースとなるのではなく、そのセラピストとクライアントとのかかわりが一ケースだということである。したがって、そのセラピストがクライアントとどうかかわったかが明らかにされねばならない。

つまりケース・スタディとは、特定のクライアントを個別的、具体的に研究するとともに、セラピストがそのクライアントとどうかかわったかを明らかにし、それを通して人間と人間関係について理解を深めようとすることである。

Ⅲ　よいケース・スタディをするために

よいケース・スタディをするにはどのような点に留意すればよいかについて、ケース・カンファランスにケースを提出する場合、またそのカンファランスに一参加者として参加する場合を想定して考えてみる。

1　ケース・レポートを書く

まずケースをレポートする目的をはっきりさせる。たとえば、面接の初期にケースを提示して診断や今後の治療について示唆を得たいとか、今までの診断に疑問が生じたり治療が行き詰まったりしたときに、それまでの経過をふり返って診断を再検討し、治療の行き詰まりを打破したいとか、あるいは治療が一段落したり終結したりしたときにあらためてクライアント理解を深め、セラピストとして自分のした仕事を検討し評価したい、などである。ときには、ある仮説を検証するために、あるいは新しく開発した技法を提示するためにケースをレポートすることもある。レポートの目的を明確にすることで、カンファランスの議論を焦点づけ深化させることができる。ただしときには、発表者の意図しないところ、気づいていないところが議論の焦点になることもあり、それによってケース理解の幅が広がることもある。

ついで、セラピストがそのケースを経験したときの立場、役割、治療構造を書く。医師としてのかかわりか、臨床心理士としてのかかわりか、主治医と心理療法家を兼ねてのかかわりか、それとも心理療法家としてだけのかかわりか、など。かかわりをもった場所（施設）は病院か、外来クリニックか、相談室か。さらに面接の頻度、時間、料金などを記す。こういうことが大切なのは、これらの諸条件によってクライアントの語る内容がある程度規定されてくるからである。

次に、そのクライアントについての基本的情報すなわち主訴、年齢、性別、家族歴、病歴、治療歴、生活歴などを書く。

まず主訴を明確にする。主訴は治療の経過の中で常に立ち返って考えるべきことで、とくに終結を考えるにあたってはそれが解消しているかどうかが問題になる。

次に病歴と生活歴を書く。生活歴を再構成することは必ずしも事実を順に記すことではない。多くの事実のうちいくつかに、ある順序で、ある文脈で発言を許すことである。クライアントははじめから生活歴を詳しく語るわけではない。遺伝歴や外傷的な出来事などは意図的に伏せていることもある。意図的ではなく忘れていること、意識に上ってこないこともある。それらが面接の進展に伴ってすこしずつ思い出され、語られるようになる。何が語られるようになるかはそのときのセラピスト－クライアント関係の函数である。まず第一に、クライアントが何を語るかは、セラピストが何を聞きたがっているとクライアントが思うかに影響される。だからこそセラピストは満遍なくただよう注意をもって聞かねばならない。また、そのときクライアントがセラピストに対して抱く感情に同調するエピソードが思い出される。セラピストから見捨てられると感じているクライアントは過去の見捨てられ体験を想起しがちだし、セラピストから大切にされていると感じているクライアントは過去の大切にされた体験を思い出す。過去の体験の意味が違って見えてくることもある。見捨てられたと思っていたことが、実は自由を尊重してくれていたのだと思い直すかもしれない。このようにして過去の体験の意味が変わり、記憶が書き換えられていく。こういうことがあるから、ケース・レポートのはじめに書く生活歴はクライアントが治療初期に語ったことだけを書けばよく、後に語ったことを組み入れる必要はない。

次に面接経過を書く。記録を読み返しながら抜き書きしていくことになるが、その過程で、面接中には見えていなかったストーリーが浮かび上がってくることもある。途中であるストーリーが浮かび上がってくると、それ以降そのストーリーを支持、強化する材料が選び出されることになりやすい。たとえば、このケースは心的外傷のケースなのだと思い始めると、以降外傷と思われるエピソードばかりが目について、そればかり取り出すことになる。その過程で、そうであったかもしれないことがそうであったに違いないとなり、さらに事実そうであったということになって、だんだんセラピストにとって都合のよいストーリーができ上ってしまう。こういうことをDonald Spence（一九九七）という分析家がnarrative smoothingと呼んでいる。

ケース・レポートを書くということは、それを読む（聞く）人を想定するということである。つまり、セラピスト－クライアントという二者関係からセラピスト－クライアント－読者（聞き手）という三者関係に入ることになる。したがって、セラピストが読者（聞く人）に対して抱く期待や配慮が、ときには心配や恐れなどがレポートの内容に影響する。私がこういうことを痛感したのは、日本精神分析学会が精神分析的精神（心理）療法家の認定制度を発足させたときである。私も認定を受けるために短い期間にケース・レポートを五例書いた。新たに書きおろす時間がなかったので、それまでに雑誌に発表してあった例や仲間の研究会で発表した例をもとに、削ったり補足したり修正したりして提出した。書き直す過程で私はそれが精神分析的になるように考慮したし、私のレポートを読み評価するであろう人たちの顔を思い浮かべざるをえなかった。そのことが私のレポートの内容に影響を及ぼさなかったとは言えない。書き直すことで精神分析的理解が深まり、記述が整理されてきたとも思ったが、雑多なものが入っていた元のレポートと比べるとなんだか痩せてしまったという印象をもった。

誰を読者（聞き手）に想定するかということは重要である。通常は私は、その面接を実際に行っていたときの自分自身を読者に想定している。あのときはよくわからなかったけれど今考えるとこういうことらしいねとか、あのときこうすればよかったかもねなどと、そのときの自分自身に語りかけるつもりで書く。つまり面接をしていたときの自分をスーパーバイズするつもりで書く。これが私にとって一番自然な書き方だが、ひとりよがりになる危険性もある。自分の見解を批判する人を想定して、ときどきその人に口を出してもらうようにして書くのがよいかもしれない。

2　ケース・カンファランスに事例を提出する

書いたものをケース・カンファランスで発表する。このとき原稿を棒読みするのではなく、そのときどきで感じたことや考えたこと、また今思い出したことなどをつけ加える。こういうことを可能にするためには、原稿は短か目の方がよい。学会の事例発表で長い原稿を読み上げるのに与えられた時間のほとんどを費やし、討論の時間を残さない人がいる。こういう人は、発表したという事実を獲得するのが目的で、他人の意見は聞きたくないと言っていることになる。

自分が発表するということは、他人の発表を聞くのとはまったく違った体験である。批判され非難されるのではないかと緊張し不安になる。参加者からの質問やコメントが意地悪に聞こえることもある。こういう不安に打ち勝って、参加者はよりよい面接をするための協力者だと思って（実際にはそうでない場合もあるが）、心をひらいて話し、聞くことが大切である。心をひらくことができると、参加者の質問やコメントから学ぶことができるようになる。質問されてはじめて自分の文章があいまいであることに気づいたりする。ときには、自分には見えていなかった別のストーリーが浮かび上がってくることもある。

ただし、参加者のコメントを隅から隅まで全部聞きとろうとする必要はない。みんながみんなよいコメントをするとは限らないし、中には自分よりはわかっていないなというコメントもある。そういうものはガヤガヤと雑音のように聞こえるだけである。しかしその中にはっきり耳に響いてくる声がある。そういう声をしっかり聞きとることが必要である。

発表にあたって留意すべきことにクライアントの匿名性保持ということがある。このごろは発表に先立ってクライアントの同意を得ることが求められることもあるようだが、治療の途中で同意を求めることはクライアントを動揺させる。セラピストに不信の念を抱くかもしれない。またときには、自分のことをみんなに知ってほしいからぜひ発表してくださいと言う人もいる。いずれにしてもそれ以降クライアントは自分とセラピストの二者関係から、自分とセラピストと発表を聞く（読む）不特定の第三者という三者関係を意識することになる。そしてそれはその後の治療関係に影響を及ぼす。さらに最近では、発表に先立って発表原稿をクライアントに読んでもらって了承を得たという発表もある。患者の状態や発表の内容によってはそういうことも必要かもしれない。しかし精神療法においては、セラピストの理解がクライアントに対して厳しいものである場合もある。またセラピストのクライアントに対する感情には陰性のものもある。そういうことも率直に記述することでケース・スタディが真に実りあるものになると思うが、クライアントに事前に読んでもらうとなると、そのレポートはきれいごとになるかもしれない。こういう可能性があるので、治療の途中で発表するときにクライアントの同意を得ることは慎重に考える必要がある。私は、少数の専門家によるクローズなケース・カンファランスはスーパービジョンやコンサルテーションに準ずると考えているので、必ずしもクライアントの同意を得る必要はないと考えている。医学の他の領域でも、コンサルテーションや科内あるいは関連の科を含めたカンファランスは日常的に行われていて、その都度患者の同意を得ているわけではない。それは医師としてあるいは医療チームとして当然のことと考えられている。

しかし、専門家集団とはいえ学会など不特定多数の人が聞く場合、あるいはその発表が論文として雑誌や書物に載る場合には、匿名性の保持に十分な配慮をするとしても、やはりクライアントの同意を得ることが望ましいであろう。ただ、そのために事実をそのまま記述することが困難になる場合もある。われわれはジレンマに立たされている。

3 ケース・カンファランスに参加する

ケース・カンファランスは何のために行うのかと言えば、まず第一にクライアントのためである。とくに治療の途中でカンファランスの機会がもたれる場合には、そこでの議論が今後の治療に資するものでなければならない。その次にはそのセラピスト（発表者）の成長に役立つものでなければならない。そして参加者それぞれに役立つものであることが望ましい。

参加者は発表を聞きつつ、まず自分がクライアントであったらどう思うだろうかと考えてみる。クライアントはどんな気持で面接を受けているのか、セラピストがそう言ったらクライアントはどう感じるだろうかなどと、自分がクライアントになったつもりで聞いていると、はじめは理路整然とした立派な発表に聞こえていたものが、実は血の通っていない冷たい治療だとわかってくることもある。

次にセラピストの立場になって聞く。自分がセラピストならここはこう理解する、ここではこう介入するなどと考える。こんなふうに考えていると、発表しているセラピストの下手なところ、まずいところがよく見えるようになる。そんなことをしてはクライアントが可哀相ではないかと義憤を感じてセラピストを責めたくなる。こういう人はセラピストとしてある程度上達した人である。さらに上達すると、セラピストの下手なところが見えてはいても、それを責める気持があまり生じなくなる。自分も似たようなことをたくさんしてきた、でもそのときは一所懸命だったのだと思うようになるからである。そして発表しているセラピストのよいところ、それも当人が気づいていないよいところが見えるようになる。まずいところもあるが、ここはなかなかよいじゃないか、当人は意識しないでやっているようだがよい介入ではないかなどと思うようになる。そこを言葉にして伝える。

私のスーパーバイザーとしての経験でも、スーパーバイジーのよいところが見えてきてそれを評価できるようになるにはかなりの経験が必要であった。そしてそれができると、スーパーバイジーはそれまで意識しないでやっていたことを技術として自覚し、今後の治療に生かせるようになる。

さらには、他の参加者の立場にもなってみる。他の参加者の発言から学ぶところがあればそれを認め、それに触発された連想を言う。他の参加者に対して競争意識や羨望があると、その人の発言を頭から否定するようなコメントをしたり、その人の発言を遮って自分の意見を言いたくなったりする。他の参加者の発言を心をひらいて聞くことが大切で、それができるとその人の発言から学ぶことができるようになる。

要するに、一参加者としては、クライアントの立場、セラピスト（発表者）の立場、他の参加者の立場を頭の中でぐるぐる回転させながら、そこで浮かんだ疑問や連想を言葉にしてゆくのである。

このとき重要なことは、質問は少なめに、連想を多めに言うことである。学会などで、あそこを聞いてないじゃないか、ここも聞いてないじゃないかと、こと細かに事実関係を訊く人がいるが、こういう質問にさらされているとセラピストは、そんなことまでは聞いてなかったとだんだん自信を失うか、たとえ聞いてあっても、断片的な情報を提供するだけの人になってしまう。参加者は与えられた情報から自分の中に生じる連想や仮説を言葉にすることが大切で、質問する場合も、その質問の背後にある自分の仮説を説明する。こう考えるのでそこを知りたいのですが、という具合に。そういう質問や連想を聞くセラピストは、ともに仮説を考える人になることができる。

ただし、タイミングよく発言することはなかなか難しい。初心のうちは情報を追うのに精一杯で何も発言することが浮かんでこなかったり、一つのことが気になって発言しようと思っているうちに話が進んでしまって発言の機会を失い、フラストレーションが残ったりする。たとえ発言できなくても、自分の感じたこと、連想したこと、考えたことをレジュメにメモしておく。また経験のある参加者の発言の仕方を学ぶ。そのうちにタイミングよく発言できるようになる。

4　発表したあとで

治療の途中で発表した場合、今後の面接にカンファランスで指摘されたことをすべて取り入れようなどとは思わないことが大切である。そんなことをすれば治療に一貫性がなくなり、クライアントに混乱をひき起こすだけである。大体は従来通りにやるつもりでよい。そのつもりでいても、本当に耳に響いてきた言葉はおのずと心に浮かんでくる。クライアントとかかわっている中で、あの言葉はこういうことだったのかとあらためて実感する。それをすこしずつ取り入れてゆけばよい。

治療が終結したりあるいは長い年月を要する治療が一段落したら、それを論文にする。臨床論文は臨床家にしか書けないから、臨床で得られた知見や理解を論文という形で公にすることは臨床家の義務である。論文にすることで理解が整理され明確になる。またより広い専門家集団から批判を受けることも可能になる。そしてその論文がよい論文であれば、学問という大きなピラミッドに自分も小さな石を一つ積むことができたということである。

（本稿は以前に書いた拙著（成田、二〇〇三・二〇一一）と重なるところもある。合わせ読んでいただければ幸いである）

文献

土居健郎（一九九二）『新訂 方法としての面接―臨床家のために』医学書院

成田善弘（二〇〇三）『精神療法家の仕事―面接と面接者』金剛出版

成田善弘（二〇一一）『精神療法を学ぶ』中山書店
Spence DP（1997）Case reports and the reality they represent. In : I Ward（Ed.）The Presentation of Case Material in Clinical Discourse. Freud Museum, pp.77-93.

治療者の自己開示をめぐって

はじめに

話の前三分の一は、自己開示をめぐって今までどういう議論が行われているかの紹介のような話で、後三分の二は私の経験や考えていることをお話しします。

自己開示とは、治療状況において、治療者自身の感情や個人的情報などを患者に話す、伝えることを言います。このことは多くの治療者にとって微妙で難しい問題です。とりわけ患者から個人的なことについて、たとえば「結婚していますか?」とか、「私の話は面白くないですか?」とかと聞かれると、どう答えていいか当惑し、対応が難しいと感じるものです。一方で患者の質問に答えることが治療上有益だと感じることもあり、ときには患者から求められなくても自分の感情や考えを表出することが必要だと思うこともあります。事実、治療者の感情の表出が治療の転機になることもあります。また、治療者が意図せずに自己開示をしていて、それが患者に影響していることに気づかないでいることも多々あります。ですから、自己開示は精神療法家にとって、とりわけ心の深層に関わる治療者にとって、避けて通れない大きな問題なのです。

I　古典的精神分析においては

古典的な精神分析においては、従来、治療者が意図的に行う自己開示は、治療者の側の行動化と見なされ、患者の自由な「汚染されない転移」を妨げるという理由で、すべきでないとされていました。

フロイト（Freud）は、一九一二年の論文で患者に治療者自身のことを話す、つまり、患者が告白してくれるから治療者も告白する、告白には告白で応えるというやり方をすると、患者も話しやすくなって良さそうに思われがちだけれども、以下の理由で実際はそうはならないと言っています。①治療者の自己開示は患者のより深い抵抗をのり超えることを困難にしてしまう。②患者は自分自身よりも治療者のほうに関心をもって、治療者を分析するほうが面白くなってしまう。③治療者の自己開示による親密な態度によって転移の解消が困難になる。これらの理由から、告白には告白で応えるというやり方は治療的ではないと言っています。

このフロイトの考えは、フロイトの一者心理学 one-person-psychology の理論と技法に結びついて理解されるようになりました。つまり、患者という一人の人間の心の構造と力動を理解することが分析の仕事であって、分析されるべきものは患者の無意識の中にある欲動であるとされました。そこから人としての情緒的関与を差し控えた分析医の技法、すなわち、中立性、禁欲原則、匿名性、分析の隠れ身、という技法が生じました。フロイトはこれを「外科医の手術」に例えています。すなわち、分析者の唯一の仕事は、患者の素材を理解し、明確にし、解釈することであり、示唆、誘導、意見などの分析者の人となりを伺わせるようなコメントは、分析の道具ではないとしました。フロイトが中立性を強調したのは、精神分析を自然科学に近づけようとした、つまり対象を観察するのに、観察者の要因が極力入らないようにし、変数を少なくして、患者の変化を患者の内的要因だけに帰し得るようにしようとしたと考えられます。

これに対して、フロイトの弟子のフェレンツィ（Ferenczi S）は、分析医の匿名性は神話であって、患者から超然としていようとするのは分析医の自惚れだと言い、分析医は何か言ったり何かをしたりすることで自己を露呈しているのだから、自己開示は必然的であると主張しました。そして、匿名性を装うことは、患者を誤魔化しているだけであり、それは患者が幼児期から被ってきた外傷を繰り返すだけのことだと述べ、さらに分析医が有効に機能するためには、分析医の逆転移が分析されねばならず、そのためには相互分析、治療者が患者を分析し、患者は治療者を分析する、そのような相互分析が必要であると主張しました。しかし、相互分析は治療者と患者の役割を曖昧にし、いろいろな患者側の問題行動、あるいは治療者側の問題行動に繋がり、失敗に終ったようです。

それ以後、自己開示のイメージは、治療者と患者の明確な境界を維持することの困難（境界侵犯）、行動化、愛情や性的感情の告白、性愛関係の発展といった不適切な行為と結びつき、タブーとなりました。その後、実際の治療の中では治療者は自己開示を求められることが多く、また実際に自己開示をしていると思われるにも拘らず、それについて正面から論じることは精神分析の中では長い間避けられてきました。

Ⅱ　フロイトは実際には

しかし、フロイト自身は実際の治療では、理論的な主張とは異なり、かなり自由に自分のことを患者に話しています。また患者あるいは被分析者からの贈り物も受け取っているし、こちらから患者（被分析者）に著書を贈ったり、食事を提供したりし、面接の中でも自分の家族のことを話したりしています。つまり理論的に主張するほど中立的に振る舞っていたとは言えません。フロイト自身もそのことに気づいていて、弟子たちに「私の言うようにやりなさい。しているようにしてはいけない」とどこかで言っていますが、他方、弟子たちが彼の理論的教えにあまりに厳密に従うことにがっかりしたということも言っています。つまり自己開示を巡って、言っていることとやっていることが少し違っていたし、ある種の葛藤をもっていたと考えられます。

では、フロイトが自己開示をしている一例を挙げます。

四十四歳にして詩作と人生に行き詰まったアメリカの女流詩人、H・D・ヒルダ・ドゥリトトル（Hilda Doolittle, 1975）は、当時七十七歳のフロイトから分析を受けにウィーンに行きます。その体験を『フロイトにささぐ』という美しい著書に書いています（次章参照）。

H・D・は分析の過程で大聖堂の夢を見ます。そして、「肝要なのはあの大聖堂である。その内部に復活とか再生を私たちは見る。この部屋（分析室）がまさに大聖堂だ」と言い、さらにこう述べます。「家というものは何か言い難いふうに父‐母に依存している。復活とか再生という点では、対抗する父母のどちらかに忠誠を示さねばならぬかと悩む心の葛藤は起こらない。教授（フロイト）の環境と関心は、私の父よりはむしろ母と水源を同じくするように思われるが、母は必ずしも私を満足させないので、「感情転移」となるとそれはフロイトに対してである。彼は先に言っていた。『それで――言わずにはおれないのだが（あなたが何でも打ち明けてくれるので私もあなたにそうしたい）、感情転移で母親になるのは好きではない。――いつも驚きだし少しはショックです。自分ではとても男性的だと思っているから』彼に対して彼のいわゆるこの母親‐転移をもった人が他にいるのですかと私は尋ねた。『ああ、実に多いね』と彼は皮肉な口調で答え、私は少し物足りなく思った。」

これは被分析者から見たフロイトですが、ここでフロイトは自ら好ましくないとした「告白には告白で応える」やり方をしています。

Ⅲ　他の学派の創始者たちは

他の学派の創始者たちは、自己開示をどんなふうに考えているかについて少しお話します。本山智敬（二〇一五）によると、ロジャーズ（Rogers C）は次のように言っています。「もしも私が、自分はこのクライエントとの接触によってどうもつまらない感じがしている、と感じて、この感じが続くならば、私は、彼のために、およびわれわれの関係のために、この感じを彼と共にわかたなければならないと思うのである」それから別の文脈で、「自分の経験しているいろいろの感情を自分自身に否定しないということ、および彼（セラピスト）が、進んで、その関係において存在するどのような持続的感情でも、すきとおって見えるほどそれらの感情でいて、もしも適当ならば、彼のクライエントにそれを知らせるということ、なのである」

また、日笠摩子（二〇一五）によると、ジェンドリン（Gendlin E）はこう言っています。

「私の反応は私たちの相互作用の一部である。それはクライエントに返さなくてはならないし、それによってクライエントが、相互作用の、今は私の側に起こっているその部分を先に進めることができる。もし私が反応を返さなかったら、私たちはそこで行き詰まってしまう。もちろん、私には自分の応答の仕方について責任がある。つまり、私は応答の際、自分の反応をクライエントに正直に、反応を見える形で返さなくてはならないし、クライエントが私の中に起こしたことに対してさらに応答できるよう行動しなくてはならない」

日笠はさらにリーター（Lietaer G）を引用しつつ次のように言っています。

「セラピスト自身が専門家としての見せかけを装わず、自分らしくあることは、クライエントがより深くオープンになることのモデルになる。関係が信頼できることを保証するものでもある。また、セラピストの自己開示はクライエントに実存的な我と汝の関係を提供することになり、治療の契機になることが多い。さらに、セラピストとの関係の中に持ち込まれる転移をセラピストが自分らしく応答することがクライエントの繰り返しのパターンを越えて進む上で特に有効であることをジェンドリンに基づきながら主張している。もちろん、このような自己の使用にあたっては「責任を伴う透明性」、つまり、クライエントがそれを受け入れられるかどうかの配慮は必要である」

ロジャーズおよびその派の人たちの言うところは、精神分析の中で近年論じられるようになった、two-person-psychology とその中での自己開示の問題を、すでに語っているように思われます。

また、森田療法家の北西憲二（二〇一五）によると、森田療法を創始した森田正馬は赤面症患者への通信療法でこのように述べています。「小生は自分の子どもや女中に対しても、その顔を見つめることができず、君等を診察する時でも容易にその顔を見つめることはなく、多くは伏し目で、その人の面と向かいません。これが小生の本来性で、そこに小生の人に対する畏敬の情と小心さがあり、人を冷視し圧倒せぬ態度があります。小生もこれが自分の持前ですから、強いて人と対抗し、殊更に強がることもせず、自ら独り守っている態度です」

北西は、この森田の言葉について、「森田は自己の弱点をありのままに認め、それが患者への共感ともなり、支えともなった」と述べています。

統合心理療法というのを提唱している我が国の村瀬嘉代子（二〇一五）は、「そもそも自分が全くの安全地帯にいて、相手にばかり表現を求めるのは、相手からするとイーヴン（人として分かち合う）ではないでしょう。しかも非常に不安で落ち着かなくて大変な人は、一層不安に感じると思うのです。そういう時に、こちらが或る程度率直に、根拠のある、相手を観察していて相手から感じ取って考えたことを基に、自分の中に湧いている考えや気持ちを、そっと──『こうだ』とか『でしょ』というのではなく、相手に向かって表現してみる。これは簡単な言葉でしかも控え目で相手に分かり易く表現する……」と述べています。この村瀬の言葉は、セッション内の治療者の主観的体験の開示が治療上意味があることを述べていると思われます。

Ⅳ　近年の精神分析では

近年の精神分析は、one-person-psychology ではなくて、two-person-psychology と捉えられるようになって来ました。すなわち精神分析は隔離された心的装置の内部（患者の心の中）で生じると想定される出来事に焦点づけられた「精神内界に関する科学」と見なされるのではなく、二つの主観性──患者の主観性と分析者の主観性──の交わりによって構築される特定の心理的場において生じる現象を解明しようとする「間主観性の科学」と見なされるようになってきた。

ただし、そうなると、かかわることのリスクが増大し、治療関係における境界侵犯（boundary violation）といった倫理的問題が生じる可能性が高まります（Gabbard G, Lester P, 1995. Jaenicke C, 2008）つまり、間主観性理論によって治療を行うと、分析的関係の非対称性が失われるのではないか、関係が無秩序状態に陥るのではないかという心配が生じるのです。治療関係を治療者と患者という二人の主観的世界の相互交流であるとしつつ、治療者・患者関係をアンシンメトリック、非対称性のものとすることはいかにして可能かという難しい課題に我々は直面しています。自己開示の問題が近年取り上げられることが多くなったのは、このことと関連があるでしょう。

米国ではワクテル（Wachtel L）が『心理療法家の言葉の技術―治療的コミュニケーションをひらく』という著書の中で自己開示について詳細に論じています。我が国でも、二〇一四年の日本精神分析学会第六〇回大会の教育研修セミナーで自己開示の問題が取り上げられ、岡野憲一郎、吾妻壮、富樫公一、横井公一の四氏が講演されました。そのときの講演と討論はその後内容を深められて『臨床場面での自己開示と倫理―関係精神分析の展開』（二〇一六）という書物になっています。

Ⅴ　自己開示についての私の考え

私は以前から、治療過程の中での治療者の主観的体験を重視し、それを表出することが治療的に意味があり、治療の転機になる場合があることを述べてきました（成田、二〇一四）。ここで自己開示をめぐって私の考えていること、連想することをお話しします。

1　精神療法的関係の二重性について

自己開示が問題になるのは、精神療法的関係がもつ二重性のゆえだと考えます。精神療法の教科書には、精神療法における治療者・患者関係は専門的・職業的役割関係である、と書いてあることが多いと思います。そのことに注意を促す必要があるのです。たとえば、理髪師の教科書には、（読んだことがないのでわかりませんが）理髪師と客との関係は専門的・職業的役割関係であるとは多分書いてないでしょう。そんなことはわざわざ言うまでもない自明のことだからです。

専門的・職業的役割関係というのは、

① その関係の外にある目的があって、関係はその目的達成に向かっての手段である
② 目的が達成されればその関係は終結する。両当事者は目的達成に向かって、つまり関係の終結に向かって努力する
③ 両者の関係は非対称的である
④ 金銭の授受がある

たとえば、私が理髪店に行くのは散髪をしてもらうという目的達成のためで、理髪師（床屋の主人）と親密な人間関係をもちたいから行くわけではありません。理髪師は散髪という専門的技術を行使し、私はそれに協力してじっと座っているわけで、両者が目的達成と関係の終結に向かって協力します。散髪が終われば私が代金を払い、はいさようならとなって、

両者の間に特に情緒的関与はありません。

我々が医者にかかるのも、たとえば腹痛を治してもらいたくて医者に行くので、その医者と情緒的に親密になろうとして行くわけではありません。結果として情緒的かかわりが生じることもありますが、少なくともそれは目的ではないのです。

これに対して生身の関係は、その関係の外に目的が立っているわけではなく、関係自体が目的です。たとえば、夫婦関係は、夫婦であるということが目的であって、何か他の目的達成のための手段として夫婦であるわけではない。例外はあります。国籍取得のために一時的に夫婦になるとか、相手に早く死んでもらって遺産を相続するために夫婦になるとか。しかしこれは例外的なことです。

関係それ自体が目的ですから、両当事者が終結に向かって努力するということはありません。できるだけ早く離婚しようと思って結婚する人はいないのです。

両者の関係は、役割の違いはあっても原則的にはシンメトリックであり、両者は情緒的に交流します。金銭の授受はありません。

精神療法的関係とりわけ精神分析における治療者・患者関係は深く個人的な関係で、患者の体験のあらゆる面に深くかかわり取り組むと同時に、治療者自身がそこでどういう体験をするか、自身を深く内省することも必要であって、患者と治療者が互いに人間と人間として出会う関係（生身性をもつ関係）です。しかし一方で、専門的・職業的役割関係であって、通常の社会的交流と同じではなく、治療者の体験への注目は患者の体験への注目と同じ重さをもつわけではありません。

精神療法的関係のもつ、こういう二重性ゆえに、治療者の自己開示ということが問題になるのでしょう。自己開示が生身性をあらわにすることに繋がるからです。職業的役割関係の中に生身の関係が入り込んで来る。それを極力排除しようとするのか、それともその入り込んで来るところを職業的役割関係の中にどのように統合してゆくかが問題なのです。専門性と人間性が衝突するところをいかに統合してゆくかが治療の要となるのです。当初は治療を妨げるものと考えられた逆転移を患者理解に役立て治療的に使用しようとするなどは、その統合の努力の表れだと思います。

私は、精神療法過程で生身の自分が表れるのは避け難いことですから、それを自覚し、それがどのように表れているか、なにゆえ表れたのか、それを患者理解にどう役立て得るかを考えていくべきだと思っています。

2　自己開示の種類について

自己開示には以下のようなさまざまな種類あるいはレベルがあります。

- 内的自己開示
- 外的自己開示

- 意図せざる自己開示
- 意図的な自己開示

- 外的事実の自己開示
- 主観的体験の自己開示

「患者の質問や要求に答える形での自己開示
「治療者があえて行う自己開示

「セッション外のことに関する自己開示
「セッション内の治療者の体験の自己開示

従来、こういうさまざまな自己開示がとくに区別されることなく、その是非が論じられていることが多いので、まず問題になっている自己開示の種類を区別することが必要です。ある自己開示が見方によって、上記のさまざまな種類（レベル）にあたることもあります。

自己開示についてまず必要なことは、治療者が自身の体験に対して開かれていること、自身の体験を正直に認めるということです。自分はこうだと思っているのは本当にそうなのか、自分が感じていると思っている感情を自分は本当に感じているのかと、自分自身に問うてみることが必要です。吾妻壮（二〇一六）はこれを「内的自己開示」と呼んでいます。そして、この内的自己開示は外的自己開示と一致する場合もあれば、しない場合もあると述べ、自己開示について治療者が葛藤すること、苦闘すること自体がより重要なのではないかと述べています。

外的自己開示としては、まず治療者の外見、性別、年齢、声、服装といった外的事実が大きな自己開示です。私なら、男性で、今ではかなりの老人で、背がひょろ高く、比較的低いややかすれた声をしていて、白衣を着ているがその下の服装には無頓着です。このことが患者におよぼす影響は、私がセッション内で行う言語的介入と同じくらいに大きいのではないかと思います。

私は患者から「先生はいつも便所のサンダルを履いている」と言われたことがありますし、無精ひげがあったらしくて、治療の終結時に「これを使って下さい」と電気カミソリをもらったことがあります。こういう患者から、私は仕事に専心していてそれ以外のこと、服装などには無頓着な人間だと、まあ好意的に見られていたと思いますが、患者によっては、こういう私を不潔だとかだらしないとか礼儀知らずだと思うかもしれません。これらは私にとって非意図的な自己開示ですが、治療者の中には、面接するときは靴を履き、きちんとネクタイを締めてないといけないと考えてそうしている人もあります。そのように意識してそうしていれば、それは意図的自己開示です。

治療者が患者の話をどういう態度で聞くか、どういう話に関心を示すかということも、その多くが非意図的に行われる自己開示です。

あるアメリカの分析家の経験として、患者から「先生は民主党支持だから」と言われたとの話が書いてありました。分析家は自分がどの政党を支持しているかなど話したことがなかったので、どうしてわかったのかと訊ねました。患者は「自分が民主党寄りと思われていることを言ったときには先生は黙って聞いていたが、共和党寄りのことを言ったときには、なぜそう思うのかなどど質問した」と答えた。

この種の自己開示は我々も気づかぬうちにたくさんしているのではないかと思われます。患者は治療者の関心がどこにあるかを感じとって、それに合わせて連想することがあります。治療者はこういう誘導を非意図的に、ときには意図的に行っているものです。フロイト派の治療者の患者はフロイト流の夢を報告し、ユング派の治療者の患者はユング流の夢を報告すると言われますが、一面の真実を含んでいると思います。

治療者の非意図的な自己開示が重大な結果を招いた例を示します。

ある若い男性治療者が、対人緊張を主訴とする若い女性患者を面接していました。その患者と両親の間にさまざまな問題があって、患者は家を出てアパートで一人暮しをするようになりました。患者は治療者に深く依存的となり、しばしば面接室外での接触を求めるようになりました。その要求が受け入れられないと自傷行為に走る患者をその若い治療者は放っておけず、ついに患者のアパートを訪問しそこで面接するようになりました。ただ、治療者はソーシャルワーカーなので、患者の自宅を訪問することは格別珍しいことではなかったのです。ある日患者のアパートで面接中たまたま山歩きが話題になり、治療者が「自分はまだ小さな子どもがいるから山歩きも思うにまかせない」と言ったところ、患者はひどく動揺しました。それまで患者は治療者を独身と信じ、治療者の熱意を自分に対する個人的好意とばかり思い込んでいたのです。それ以来、彼女には治療者の声が幻聴として聞こえるようになり、彼女はその声の指示に従って花を買って治療者に届けたり、喫茶店で待っていたりしていましたが、ついには声に誘われて山歩きに出掛け、そこで顔を石に叩きつけて重傷を負いました。幸い発見されて病院に運ばれ、以後は別の治療者の面接を受けることになりました。これは境界例の転移性精神病と思われます。治療構造がルースだったこと、治療者に自分の熱意が患者にどう受け取られているかについての配慮が欠けていたこと、その中での意図せざる自己開示が重大な結果を招いたのです。

もう一例挙げます。

神経性食思不振症の女子高生の患者をある若い女性医師が担当していました。患者はこの医師を理想視し、将来の自分と同一視するようになりました。医師の好みを聞き、医師と似たような服装や化粧をし、医師が学生時代どのように勉強したかをあれこれと尋ねました。そして、「自分も医師になりたいが、先生はどう思うか」と聞きました。当時この治療者は自分が医師としてやっていけるかどうか深刻な疑問を抱いていたので、「医師になどならないほうがよい」と答えました。次の面接に来たとき、患者は極めて不安定で混乱していました。「医師になどならないほうがよい」という治療者の言葉を、患者は同一視している理想の相手から「あなたは私のようにはなれない」と拒絶されたと体験したのです。治療者がつい開示してしまったそのときの気持が、患者を絶望させてしまったのです。

次の例は治療ではありませんが、スーパーヴィジョンの中の私の言葉が自己開示であったことをスーパーヴァイジーから教えられた例です。

あるスーパーヴァイジーが患者が親を非難するセッションを報告しました。そのとき私が「親というものは悲しいものですね」と言ったそうです。そのときの私の口調がいつもと違っていたので、そのスーパーヴァイジーはスーパーヴァイザーが親として何か悲しい体験をしたのであろうと思ったと言いました。私がそのとき「親というものは悲しいものですね」と言ったのは、患者に非難されている親の気持を察してそう言ったので、とくにスーパーヴァイジーに自己開示をしたつもりはありませんでした。しかしスーパーヴァイジーにそう言われて振り返ると、当時私は親として悲しい思いをしていました。その経験が私の介入に大きく影響していたのでしょう。それゆえ口調もいつもと違っていたのでしょう。

このスーパーヴァイジーは私の言葉を聞いてから、自分が患者に同一化して親を非難する気持になっていたことに気づき、患者の親子関係を改めて見直し、さらに自身の親との関係について振り返ったということです。私の言葉がスーパーヴァイジーの内的自己開示を促したと言えるかもしれません。ただし、もし私がその患者に向かって同じ言葉を言えば、患者は「先生は親の味方をするのか」と怒るかもしれません。自己開示をするにあたっては、患者がそれを受けとめられるかどうかを判断しなければならないのです。

3　個人的なことを聞かれたら

患者が治療者の個人的なことを聞いてきて、自己開示を迫られることがあります。答えるべきか、答えないようにすべきか、答えるとしたらどう答えるのがよいのか、いつも迷わされます。

治療者としての専門、資格、よって立つ理論、どういう方針で治療をするのかなどの質問には答えるべきでしょう。中には「自分と同じような患者をみたことがあるか」と尋ねる患者もあります。こういう質問は強迫性障害の患者に病特異的（パトグノモニック）であるという記述をどこかで読んだことがあり、私自身もそう聞かれたことがあります。こういう質問にさらされると、当惑させられます。自分が治療者として軽く見られるのではないか、経験がなくてきちんとした治療ができないと思われているのではないかと不安になります。しかし、自分が患者として医者にかかる場合を考えると、こういったことを知りたいと思っても不思議はないのですから、率直に事実を答えるのがよいでしょう。生身の自分が専門家としての自分を患者に紹介するつもりになることです。医師の多くはこの種の自己開示（見方によっては宣伝）を積極的にしています。クリニックの待合室に専門医や登録医の認定証が掲げられていたり、宣伝のパンフレットにどこで研修したかとか、留学経験があるとか、だれのスーパーヴィジョンを受けたなどが書いてあることもあります。こういうことは、それが事実であればもちろん差し支えはありません。むしろ必要なことかもしれません。

ただし、患者が治療者を本当に信頼してくれるかどうかは、治療者の資格や地位や経験年数で決まるものではありません。今後のかかわりの中での治療者の能力と誠実さが決めるのです。

もっと個人的なこと、たとえば、「おいくつですか?」「結婚していますか?」「子どもはいますか?」「どの大学の出身ですか?」「この前お休みになったのはどこかお悪かったのですか?」といったことを聞かれると、治療者はどう対応したらよいのか難しいと感じます。

患者が治療者の個人的なことをいろいろ聞くのは、

① 治療者を信頼してよいかどうか不安があり、この治療者はどういう人間か知ろうとするとき

② 治療者に陽性感情を懐き、あるいは同一視の対象にしようとし、治療者のことをもっ

と知りたいと思うとき

③ 治療者に自分の気持を伝えると、侵入的になるのではと恐れていた患者が、勇気をもって親密さを求めるとき

④ 患者が自分のことを語ることに抵抗し、話題を治療者のほうに逸らそうとするとき

⑤ 治療関係の非対称性（不平等性）に患者が不満を感じ、治療者にも自分のことを語らせ、関係を平等なものにしようとするとき

などが考えられます。これらが重なっていることもあります。患者からの質問は治療者の自己開示を促す場合もありますが、プレッシャーをかけられる、答えるよう強いられると感じさせられる場合もあります。強いられてする自己開示は治療的ではないことが多いようです。ただし、患者からの質問に頑なに答えないことは、「私は自分のことは一切話さないぞ！」と自己開示していることになり、患者に治療関係の非対称性（患者から見れば不平等性）を否応なく突きつけることになります。さらには一人の人間としての治療者に対する不信の念を招きかねません。

いずれにしても、質問の背後にある患者の気持を理解することが大切です。それを解釈することが治療を進展させることもあります。

私は年齢や子どもの有無、どんな本を読んでいるか、自身の病気のことなどについての質問には事実を答えることにしています。その上で、なぜそういう質問をしたのか、私がどう答えると思っていたのか、答えを聞いてどう思ったかを聞くようにしています。

4　セッション内の治療者の主観的体験は開示する方向で

私はセッション内の治療者の主観的体験は、開示する方向で考えるべきだと思っていて、これを「白状する」と称しています。患者の話を聞いているうちに治療者の中に生じる不安、困惑、葛藤といったものを「白状する」と、それが治療の転機をなることがあります。

一例を挙げます。

ある若い女性治療者が、三十代の女性境界例の入院治療を担当していました。この患者は母親と密着した関係をもっていて、母親にさまざまな要求をしていました。母親は患者の行動化を恐れて無理な要求にも応じていましたが、内心負担や怒りを感じ、両者の関係は緊張したものになっていました。患者は過去に二、三の病院に入院歴がありますが、自傷行為や離院が頻発して、そこの治療者から見放されていました。

現在の治療者に対しても患者は自傷や離院を繰り返し、治療者の不在日にリストカットをしたりするので、治療者は患者の要求を受け容れて面接を週二回から四回に増やし、面接のない日には治療者のほうから電話を入れることにしました。患者はこういう過大な要求をしつつ、一方で「先生はこんな私を重荷に思っているでしょう」と治療者を問い詰めました。治療者は事実重荷に感じていたし、患者の要求を次々に受け容れることが治療的に望ましいとも思っていませんでしたが、「重荷だ」と言えば患者がどんな行動化をするかわからないし、患者を見放すという過去の治療関係の再演になってしまうことを恐れて、どう答えてよいか困惑し、無力感に陥っていました。面接場面の緊張も高まっていました。そしてこの時点で私に助言を求めました。

私は治療者の今の気持をそのまま言葉にしてみるよう助言しました。「週四回の面接と電話は本当を言うとちょっと重荷なの。それに必ずしも治療によいこととも思わない。でもそう言うと、あなたが見放されたと思って治療を中断しやしないかと心配で（今までそういうことが何度もあったようだから）、言えなくて困っていたの」と言ったらどうかと。治療者がそう言うと、患者は一時動揺し、「先生が遠くなる」と見捨てられ感情をあらわにしましたが、その後緊張は和らぎ、両者の交流はずっと率直なものになりました。治療者が自身の気持を率直に言葉にしたことが、患者が行動化の底にあった気持を見つめることを促したのです。

この「本当は重荷なの～」という治療者の言葉の主語は「私」であり、「私」の正直な気持です。治療者は自身の主観的体験を開示しているのです。これを患者を主語にして言うと「あなたは今心細くて私のそばに居たいのですね。でも一方で、それが私の重荷になって、私があなたを見捨てるのではないかと心配なのですね」となるでしょう。おそらくこれが通常の解釈でしょう。こう言うとき、治療者は主観的体験者ではなく客観的観察者として発言しています。私は、主観的体験者として発言する（「白状する」）ほうが治療的だと思います。「本当は重荷なの～」と「今心細くて～」という二つの言葉は、実は同一の自体の表裏の同型反転的）表現になっています。間主観的にそこにある事態を、それぞれの側から表現しているのです。

もう一つ注目すべきことは、「本当は重荷なの〜」という主観的体験の開示によって、治療者は患者の前に一人の他者として出現しているということです。それまで患者は治療者を母親と同様自分と十分に分化していない、自分の一部のように感じていたのが、この言葉を聞いて、治療者は自分の一部ではなく、自分とは別の一人の他者であると感じたのです。「先生が遠くなる」というのはそういう意味でしょう。

もう一例、私自身の経験した例を挙げます。

患者は強迫性障害の男子高校生で、商家の長男として生まれました。小学生の頃から成績はいつも一番で、親からは将来を期待されていました。しかし運動は苦手で、同級生の中にいると「雑草の中のもやし」のようで、友だちの中に溶け込めず、一人で宇宙の神秘について考えたりしていました。有名中学に入学しましたが、「弱肉強食の世界で生きて行くには一流大学に入り、他人のなかなかなれない学者になるしかない」と思い、勉強一本槍で努めました。無理な勉強がたたったのか肺炎になり、中学二年の終わり頃に二週間ほど学校を休みました。中学三年の四月に登校すると、同級生が大人に見え、自分だけがとり残された感じで、現実がピンと来ず、まるで別世界に来たようでした。この頃から教科書の文字の形、挨拶の仕方（相手によって「おはよう」に「ございます」をつけるかどうかに迷う）などが気になり始め、強迫的確認や繰り返し行為が増え、成績が低下しました。高校はかろうじて進学校に入学しましたが、症状が増悪し混乱した状態になり、両親に伴われて受診しました。青白い神経質な顔をした青年でした。

治療開始後二年程経った面接で、彼は現代の教育制度を批判し、教師や同級生の無能を言い立て、そういう凡庸な連中に囲まれていて自分も凡庸になってしまう。早く病気を治して一流大学に入らないといけないと言います。何回かこういう面接が続いたので、正直言って私は疲れていました。彼の尊大さにうんざりしていました。凡庸な治療者にかかっていてはますます凡庸になってしまうと言われているようで、無力感を抱かせられました。そういう私の心に軽い離人感が生じ、患者の声が少し遠くに聞こえました。

患者は気難しく、尊大な、砕けたところのない人間として周囲から遠ざけられていました。私も同様に感じていました。しかしどういうわけか、彼がそういう外面の内側に孤独を抱えていることが私にはわかったのです。自分だけが世界と調和しない違質な人間としてこの世界に放り出されている。それゆえ人との関係はぎこちなくならざるをえないのだと。

私自身青年期に孤独を抱えていました。孤独ということが避けようもなくあって、それをどうしてよいかわかりませんでした。商家の長男、親からの期待、運動が苦手、友だち付き合いのまずさ、宇宙への関心、思春期の病気など彼の言っていることは私自身のことでもありました。あとから思うと、自分の十分には自覚していない性質との重なりの多い患者に関心をもつことは初心の治療者にありがちなことで、私もそうだったのです。

「ひとりぼっちなんだ」と私は言いました。彼は少しだけ沈黙しましたが、またすぐ学校や教師への批判に戻りました。私の介入は直ちには何の効果もないようでした。しかし彼の孤独に気づいてから、私の中に変化が生じました。それまで彼の権威主義的な態度に反発を感じていたのですが、彼は（そして私自身も）ひとりぼっちなのだと気づいてから、静かな気持で彼の話を聞くことができるようになりました。そして彼は次第に、子どもの頃から周囲との違和感を感じていたこと、ずっとひとりぼっちだったことを話し始めました。

私が彼の心の底に孤独を見出したのは、彼の心を探ろうと努めたからばかりではありません。彼の話を聞いている自分の心を見つめたからです。疲労感、反発、うんざり、無力感、離人感が私の心にあったのですが、その底に「ひとりぼっち」という体験があることが見えてきたのです。私が自分の「心の井戸」を深くまで見通すことで患者の「心の井戸」と通底する孤独感に気づくことができたのだと思います。それは、私自身の内的世界の（そのある層の）発見ですが、同時に、いま・ここで見れば、その孤独感は患者の強迫性に長い間さらされ、それに立ち向かい、打破しようと努め、わずかに垣間見られる彼の内的世界に触れようと努めて来たにも拘らず、その相手（患者）から回避され、拒絶され、軽蔑されてきた治療者のいま・ここでの実感です。そしてそれが実は患者がいま・ここで治療者に対して体験していることに他ならないのです。つまり「ひとりぼっち」という状態がそこにあって、それが患者において、また治療者においてあらわになっていると考えられます。

この「ひとりぼっち」という言葉は、患者の体験への共鳴であり、同時にいま・ここでの治療者の主観的体験の自己開示ですが、実は治療者のセッション外の歴史に由来するものでもあります。そしてそれが患者の体験と重なっているのです。

まとめ

自己開示はすべきではないのか、それともすることに治療的意義があるのかについて考えてきました。

従来、精神分析では治療場面における治療者の個人的特質と情動的参与は過少評価され、自己開示は禁忌とされてきました。しかし、フロイト自身は、彼の理論的主張とは異なり、さまざまな形で自己開示をしていたようです。また、彼の学派のリーダーたちも、自己開示について必ずしも否定的ではありません。

治療が二人の人間の交流であるとすれば、自己開示はある程度避け難いことであり、また、時には、治療の進展を促すものだと考えられます。とりわけ、セッション内の治療者の体験をよく見つめ、それを開示する（「白状する」）ことは、私の経験では治療上有益なことがあります。

ただし一方で、自己開示が治療者と患者の役割を曖昧にし、境界侵犯に、ひいては倫理的問題に繋がる危険性に注意を払わなければならないでしょう。

治療者一人ひとりが自己開示について考えること、その是非をめぐって葛藤すること、自己開示を行った場合には、それを患者がどう体験したか、治療上どういう意味があったかを患者とともに検討することが必要と思います。

文献

吾妻壮（二〇一六）「匿名性と自己開示の弁証法について」岡野憲一郎編著、吾妻壮・富樫公一・横井公一著『臨床場面での自己開示と倫理—関係精神分析の展開』岩崎学術出版社

Doolittle H（1975）Tribute to Freud. McGraw-Hill. Paperbacks Edition.（鈴木重吉訳（一九八三）『フロイトにささぐ』みすず書房）

Ferenzi S（1985）The Clinical Diary of Sandor Ferenzi. Harvard University Press.（森茂起訳（二〇〇〇）『臨床日記』みすず書房）

Freud S（1912）Recommendations to Physicians Practising Psycho-Analysis. S.E. XII : pp.109-120.

Gabbard G, Lester P（1995）Boundaries and Boundary Violations in Psychoanalysis. Basic Books.（北村婦美・北村隆人訳（二〇一一）『精神分析における境界侵犯—臨床家が守るべき一線』金剛出版）

日笠摩子（二〇一五）「フォーカシング指向の観点から《一致》を考える―セラピストの真実性はどのようにクライエントの変化に貢献するのか」村山正治監修、本山智敬・坂中正義・三國牧子編著『ロジャーズの中核三条件〈一致〉―カウンセリングの本質を考える1』五五―六五頁、創元社

Jaenicke C (2008) The Risk of Relatedness : Intersubjectivity theory in clinical practice. Jason Aronson.（丸田俊彦監訳（二〇一四）『関わることのリスク―間主観性の臨床』誠信書房）

北西憲二（二〇一五）「森田正馬の心性と森田療法」精神療法 第四一巻第五号、六四六―六五二頁

本山智敬（二〇一五）「《一致》をめぐって」村山正治監修、本山智敬・坂中正義・三國牧子編著『ロジャーズの中核三条件〈一致〉―カウンセリングの本質を考える1』四―一三頁、創元社

村瀬嘉代子（二〇一五）「心理臨床の本質とこれから―専門性と人間性、そして社会性」伊藤直文編、村山正治・平木典子・村瀬嘉代子講師『心理臨床講義』八九―一三三頁、金剛出版

成田善弘（二〇一四）『新版 精神療法家の仕事―面接と面接者』金剛出版（とくに第五章治療者の介入――その二――共感・解釈・自己開示、第一三章治療者自身の心の動きを知る）

岡野憲一郎編著、吾妻壮・富樫公一・横井公一著（二〇一六）『臨床場面での自己開示と倫理―関係精神分析の展開』岩崎学術出版社

Wachtel P (2011) Therapeutic Communication : Knowing what to say when. Second Edition. Gilford Press.（杉原保史訳（二〇一四）『心理療法家の言葉の技術（第二版）―治療的コミュニケーションをひらく』金剛出版）

古典症例に学ぶ――ヒルダ・ドゥリトル
（フロイトから受けた分析の記録）

はじめに

古典的症例について論じることを求められた。精神分析を学んできたのだからフロイトの症例について語るべきかと思ったが、フロイトの症例は既に世界で広く論じられているし、わが国にも秀れた業績がいくつもある。私もアンナ・O、オオカミ男、ドラなどについて書いたことがある（成田、二〇〇三）。これらにとくに新しい見解をつけ加えることは私にはできそうにないので、ここでは従来わが国ではほとんど注目されてこなかったヒルダ・ドゥリトル（H.D. Hilda-Doolittle）を紹介しようと思う。ただ私はヒルダ・ドゥリトルを詳しく知っているわけではなく、彼女の著書『Tribute to Freud : Writing on the wall・advent』（H.D., 1956, 1974）を鈴木重吉訳（鈴木、一九八三）の『フロイトにささぐ』で読んだだけなので、この本の紹介のようなものになるかもしれない。フロイトの被分析者の書いたもののうちほかに私が読んだのはオオカミ男（Wolf-Man, 1971）の「わがフロイトの思い出」とS・ブラントン（Blanton, 1971）の『フロイトとの日々―教育分析の記録』くらいのものだが、H・D・

の友人で「はしがき」を書いているN・H・ピアソンによると、アーネスト・ジョーンズが「国際精神分析学雑誌」にこの本の一九五六年版の書評を書いている。

「本書のタイトルは適切であり、これまで書かれるべくして書かれなかったフロイトの人柄《パーソナリティ》を実に最も的確に理解した喜ばしくもまた得難い書である。優れた想像力をもつ芸術家にして初めて書きえたものであろう。それは美しい花にも似ているので、この本について科学者の粗野なペンで述べようとすると、ただそれを冒瀆することになるのがためらわれる。私が言いうるのはただ、これをまだ読んでいない人がうらやましいこと、これはすべてのフロイトの伝記もののうち最も魅惑的な装飾として生き続けるであろうということである」

この書評によってこの本の風格が規定され評価が高まったと言える。

I　フロイトを訪れるまでのH・D・の生活史

ピアソンの「はしがき」と訳者鈴木重吉の「あとがき」および本文の一部からH・D・の生活史を書き出してみる。

H・D・は一八八六年にアメリカのペンシルベニア州のベツレヘムという町で生れ、八歳のときフィラデルフィアに移った。父親のチャールズ・ドゥリトルは、H・D・の母親となるヘレン・ウォールと再婚したので、H・D・には異母兄、異母姉があることになった。H・D・が生れたとき父は四十四歳で、大学の数学と天文学の教授で、H・D・を数学者か、マリー・キューリーのような研究者にしたかった。H・D・が繰り返し仄めかしたように「外側」からの存在だった。母はモラヴィア教徒で、絵を書き音楽を好んだ。H・D・はのちに「私の想像力は音楽家でもあった母にもらったものだ」と述べているが、この母もH・D・に必ずしも安心感を与えなかったようである。H・D・は研究者か芸術家かの二者択一を迫られていた。カレッジ在学中に、十五歳のときから知っていたエズラ・パウンドと婚約したが、両親の反対で結婚には至らなかった。

一九一一年に、H・D・はひとりフィラデルフィアを去ってロンドンに向かい、そのまま住みついた。一九一三年に、詩人でありギリシャ文明へのあこがれを共有したリチャード・オールディントンと結婚し、一九一五年に初産を迎えたが、このときは死産であった。

ロンドンで、かつて婚約までしたエズラ・パウンドと再会する。パウンドはイマジズム運動（日常の言葉を正確に用い、新しいリズムを創造しようとすることを信条とする文学運動）を推進しようとしていた。H・D・はこのグループの詩人として文壇にデビューした。最初の発表にあたりヒルダ・ドゥリトルのペンネームをH.D.Imagistとしたのはパウンドである。D・H・ロレンスと知り合ったのもロンドンであったようである。H・D・はピアソンへの手紙で「私は母の音楽のつながりと父や異母兄の天体研究という、いわば二つの腰掛の間に落ちこんだような気がしていたのです。そして私はついに自分の道を見つけたのです。E・P・（エズラ・パウンド）やR・A・（リチャード・オールディントン）やロレンスその他の人々のおかげで」と書いている。

オールディントンとの結婚では娘のパーディを得たが、数年して別居し結局離婚した。その経緯を彼女は『私に生きろと言って』の中で述べている。ピアソンによると、D・H・ロレンスもこのエピソードを彼の作品の中で触れている。

ロレンスの名はこの本の中でたびたび出てくる。H・D・はロレンスと深い友情をもったようであるが、二人の別れについてふれた箇所は謎めいている。ロレンスは最後の手紙で「もう二度とお目にかからないでしょう」と書いている。ロレンスはフロイトを評価していなかった。パウンドもフロイトを喧嘩腰で非難した。「君のいかがわしいフロイトは全くのでためだと思っている」このためH・D・との友情は冷えた。

H・D・にとって愛情と依存の対象であった三人の男性、リチャード・オールディントン、エズラ・パウンド、D・H・ロレンスはいずれもH・D・のもとを去っていった。

第一次世界大戦で異母兄が戦死し、そのショックで父が急逝した。母は何度かイギリスやスイスで娘（H・D・）のもとに滞在したが、その母も父の死後八年して死んだ。

かねて尊敬していたハヴェロック・エリスとは、彼女の著作に冷淡なエリスの態度に失望して彼女の方で離れてしまう。愛情と依存の対象を相次いで失い、H・D・はひとりぼっちになり、創作と人生に行き詰まりを感じ、精神分析に関心を深めた。

H・D・がフロイトに直接接触できるように紹介してくれたのはハンス・ザックス（分析家、フロイトの最初の弟子の一人）である。

一九三三年の春、H・D・はウィーンのフロイトを訪れる。彼女は四十七歳で、一九六一年、七十五歳で逝去するまでの成人としての生活のほぼ真ん中である。

Ⅱ　「壁の文字」と「降臨」

本文は「壁の文字」と「降臨」の二部からなる。「壁の文字」は、一九三三年にウィーンでフロイトに分析を受けている間に書いたノートを参照せずに一九四四年秋ロンドンで書いたとあり、「降臨」はのちに古いノートから直接取ったもので、ローザンヌにいた一九四八年にまとめたとある。ピアソンは「壁の文字」は瞑想録であり、「降臨」はその注釈であると言う。

H・D・の文章は詩的で飛躍が多く、分析中のフロイトとのやりとりだけでなく、それにまつわる過去の記憶、空想、夢、そこにつながる神話や文学作品への言及などが混然と語られ、ある雰囲気が感じられるが、そこから事実を継時的に取り出すことは困難である。ただ「降臨」には日付もあって日記の形を取っており、記述も「壁の文字」よりは具体的なので、まず「降臨」を読むことにするが、「壁の文字」の記述も適宜付け加えて、H・D・の体験とフロイトについての記述を振り返ることにする。以下H・D・の文章から、主として彼女の喪失体験にかかわるところとフロイトについての記述を抜粋、引用する。直接の引用部分は太字で示す。

一九三三年三月二日

ジークムント・フロイトはギリシャ、エジプト、中国の宝など貴重なコレクションに取り囲まれて、博物館の館長に似ている。

彼はD・H・ロレンスに似たところがあり、また老齢ではあるが円熟し明敏な直観を備えている。彼の手は感じやすく華奢である。彼は魂の産婆役だ。彼自身が魂なのだ。

私が怯えているのは不思議ではない。私は窓辺に死を招いている。氷のように薄い窓ガラスの理性に私の魂や感情を守ってもらわなければ、死を招き入れることになる。しかしたぶん私は霊魂用の薬で治療を受け、彼の洞窟から名も知らぬ貴重な薬箱をもらっていくことになろう。たぶん私はその秘法を学び、生死を支配する女司祭となるだろう。

H・D・はフロイトに、そして診察室の机の上に並んでいるいくつかの影像に強い印象を受けている。フロイトは「個人の幼児期は民族の揺籃期と同じだ」とどこかに書いていたと思うが、机の上の影像はフロイトの古代への関心を示しているのだろう。

H・D・は死に憑かれたように、彼女にとって大切な対象を相次いで失ったことを語る。しかしそこからフロイトにより救われて生死を支配する女司祭となるだろうと言う。彼女は分析に大きな期待を抱いている。

私たちは謝礼のことを話した。「ご心配なく、それは私の問題です」と彼は言い、続けて「気楽に考えてください」と言った。

謝礼がどのように取り決められたかについてはこの箇所以外には何も書かれていない（ス

マイリーの著書には料金のことがしばしば出てくるのと対照的である）。この本全体を通じて、フロイトが芸術家H・D・を分析することに並々ならぬ関心を抱いていたことがよくわかる。あるいは無料で行ったのか？

それから彼は私の声が「優雅だ」と思うと言い、私がまるで別の問題を割り込ませる危険があるとでもいうように、「所詮、私は七十七歳なのですよ」と付け加えた。フロイトは自分が老齢であることを気に病んでいたのか、H・D・が失った愛と依存の対象を自分に重ね合わせるであろうことに気づき、自分はすでに老齢で、彼女が失った対象の代わりにはなれないと言っているのか？

私はミス・チャドウィックのこと、一九三一年の春に彼女に予備面接をうけている間は苦しかったことを話した。真実に到達しようと努力しながら経験した悲しい記憶を残らず慎重にまとめます、と私は言った。「何が重要であり何が重要でないかはもっと後まではわからない。偏見をすてて自分自身に公平に振舞わねばなりません」と彼は言った。

H・D・がエジプトを話題にし、自分の夢について話すと、

教授（フロイト）は、私がモーゼになりたがっていると言い張った。私が少年になるだけでなく英雄になりたがっているのだ、と。彼はオットー・ランクの『英雄の生誕に関する神話』を読むように勧めてくれた。

H・D・は「生死を支配する女司祭」になることを望み、フロイトは彼女が「モーゼになりたがっている」と言う。エジプトやギリシャの古代文明にあこがれているH・D・はそういう空想を生きているのか。

三月三日　金曜

私の祖父は……牧師であり聖職者であった。

教会通りは私たちの住んでいた通りであり、そこの教会は私たちの教会であった。ツィンツェンドルフ伯爵がこの教会を創設し、私たちの町をベツレヘムと命名した。人々にいろんなことを聞くと、他の子どもたちはその無知を笑いものにする。「でもキリストはここで生まれたんじゃない」

それはほんとうかもしれない。その問題は議論しないことにしよう。四十年も経った後で初めて、その問題に接することになる。「私はこれを夢に見たか、想像したか、それとも後になって夢に見たと想像したのか、わかりません」。彼は答えて「夢に見たか、想像したか、あるいはたった今作った話なのかは、問題じゃない。あなたが自分の発見を故意に曲げて伝えるとは、私は思わない。重要なのは、それがあなたの空想や想像の傾向を示していることです」。

彼は言葉を続けて、「あなたはベツレヘム生まれね？　当然のことだがキリスト教徒は──」と言葉をとめて、「気分を害さないだろうね？」「気分を害するですって？」と私。彼は言った、「あなたの宗教を神話との関連で話すことだよ」。私は言った、「どうして気分を害したりしましょうか？」「ベツレヘムは聖母マリヤの町だよ」と彼は言った。

三月四日

「雰囲気というものは……」と彼女は言った。ジークムント・フロイトは椅子から立ち上り、私のそばへやってきて立った。「今の話のように、おじいさんのクリスマス・イヴの礼拝で子どもたちがもらったように、すべての子どもが火をともした蝋燭をもらえば、神の恩寵によって、私たちにもはや問題はないのだが　これこそすべての宗教の真髄なのだよ」と彼は言った。

フロイトが、そしてH・D・が「雰囲気」という言葉を使うのはこの回だけではなく何度もある。すべては雰囲気の中で生じる。ある統合失調症の患者が私に言った言葉を思い出した、「雰囲気が聞こえる」。本書からもH・D・とフロイトの醸し出す雰囲気が聞こえるようだ。もうひとつ、フロイトが宗教に深い関心と理解を示していることが私にはすこし意外だった。フロイトは宗教を人類の神経症と見なしていたのではないのか。ここでフロイトはH・D・の宗教的雰囲気に共鳴したのか。あるいはフロイトは本質的に宗教的人間なのか。

H・D・のこの本には宗教的な雰囲気がある。「壁の文字」も「降臨」も宗教と深くかかわる言葉である。H・D・は、聖書の古典文献に「壁の文字」の記録があった。少なくも歴史を通じて、別の世界とか人間以外の存在から警告や伝言が伝えられるという言い伝えがあった、と書いている。訳注には「バビロンの最後の王ペルシャザルの食堂の壁に、差し迫った災難の徴を示す文字が現れた。ダニエル書 五‐五」とある。「降臨」はキリストの降臨を言うのであろうが、重要な人物や出来事の出現、到来を言う。

「壁の文字」はH・D・の人生に危機と対象喪失が相次いで起こり、H・D・がつねに災難を予期せざるをえないことを暗示しているのか。「降臨」はH・D・にフロイトが現れたことを意味しているのか。

彼の肘がぐいと動くさまが鳥の翼のぎこちないはばたきに似ている、と私は思う。彼の寡黙とちょっとした身振りには奇妙に決定的なところがある。教授は寝椅子の背の片隅に、老いたるフクロウのように、ポー（エドガー・アラン・ポー）の大ガラスはとまるのだが、彼はうずくまるように見えるけれど、彼の一語一語には大ガラス曰く的な神秘が漂う。

H・D・はフロイトの身振りについてところどころで語っている。精神療法の中での治療者の身振りは患者にさまざまな意味を伝える。「深い森の中で鳥が予言をするような」というどこかで読んだ詩句を思い出した。

聖なるフクロウ！　御機嫌いかがと挨拶すると、彼はチャーミングで皺のある微笑を返したので、私はD・H・ロレンスを思い出した。

ここでもロレンスの名が出てくる。ロレンスとの友情（恋愛？）と別れはH・D・にとって大きな体験であり、大きな傷であったのだろう。H・D・はロレンスをまだ忘れがたく思っている。

私は（第一次世界大戦の）終戦の年のことを語った。彼（フロイト）は自分の愛娘を失ったのであの流行病を覚えているのは当然だ、と言った。「娘はここだよ」と彼は言って、懐中時計の鎖につけた小さなロケットを見せてくれた。

美しいソフィーは一九一九年の早春、私の出産と同じころ、子を産んで死んだ。私はスペインかぜにかかり、肺炎の出血状態の中で母子ともに生存する例がないのが常識であったが、私は奇跡的例外であった。

ここでフロイトは娘のソフィーを亡くしたことを語っている。またこれよりかなり後に、精神分析の発展について、初期には誤りが多かったとまで語っている。オオカミ男の手記にもブラントンの本にもフロイトが自身の家族や弟子について語るところがあった。それにもかかわらず、精神分析の歴史の中で分析者の自己開示が厳しく戒められてきたのはなぜだろうか。患者や被分析者は、分析者の自己開示を印象深く語ることが多いような気がする。分析者が技法を行使するだけの技術者ではなく、血の通ったひとりの人間だという印象をもつからであろう。

フロイトが娘の喪失を語ったのは、H・D・の語る喪失体験に共鳴したからなのだろうか。何を開示するか（してしまうか）は面接の流れの函数《かん》なのだろう。

「壁の文字」の中でH・D・はフロイトのがんとそこからの生還を語り、自分とフロイトは重篤な病から奇跡的に助かったという共通点があると書いている。H・D・が分析を受けていたとき、フロイトはがんの発病後何回かの手術を受けていたし、ほかにもいくつか病を抱えていたはずだが、H・D・はフロイトの病についてはここでしかふれていない。しかも奇跡的に助かったことを強調している。フロイトへの敬愛がこれ以上病にふれることを避けさせたのか。H・D・は老齢のフロイトの死を恐れていたのか。

昨夜眠る前に私の心を騒がせた蝶の幼虫の話を教授に言わずにしまったことは、ベッドにつくまで忘れていた。やっと思い出したが、障害がいくつかあった。まず第一に、私は父の誕生日をすっかり間違えていた。なぜ十一月の代わりに三月だと思ったのか。そう、十一月四日が父の誕生日なことは自信があった。
私のテーブルの上に、私が大嫌いな近刊が一冊あった。……ある熱狂的な女性がD・H・ロレンスの物語を書いた本であった。ロレンスと言えば、彼が死んだのは三月だった。すると私は父の誕生日をD・H・ロレンスの死亡の日とすり替えていたことになる。

このすり替えをH・D・はフロイトに語らなかったのだろう。H・D・が父とロレンスを重ね合わせていることについてフロイトが気づいていたかどうかはこの記述からはわからない。

私はロレンスについて教授に話したかったのだが、ロレンスは横柄な態度で精神分析と、暗にあるいは推測で教授その人に言及しているので、ことさら気にやんでいた。私はロレンスを、つまり『恋する女たち』と『チャタレイ夫人の恋人』のロレンスと妥協することを慎重に避けてきた。

私はロレンスのことを考えたくない。「二度とお目にかからないでしょう」と彼は最後の手紙に書いた。ロレンスは墓の中に閉じこめられていた。待合室にかかっている版画のように「生き埋め」にされていた。私たちはみんな「生き埋め」になっている。喫茶店で新聞をめくっていると、新しい残酷物語が載っている。実際、私にかかわることは話せないし、ベルリンのユダヤ人に対する残虐行為について、一九三三年にウィーンでジークムント・フロイトに語るわけにはいかない。

「生き埋め」とは大きな喪失や外傷体験があるとそこで時間がとまってしまい、その経験を心の内で消化して受け入れることができないままにそれが心の底に埋められるという意味だろうか。

H・D・の内なる体験と外界の現実のナチスの恐怖が重なって体験されている。

H・D・には敬愛するフロイトにも語らないこと、語れないことがあった。

私の患者たちにも私に語らないこと、語れないことがあったであろう。あまりに大きな心の傷は語ることができないのだ。私が患者のことをわかっていると思ったのは、傲慢な錯覚であったかもしれない。

三月六日　月曜

教授は寝椅子用にと厚い膝掛けを見つけてくれた。私が動物のことを思い出したりお伽話からの連想を語ると教授はいつも関心を示すようであった。少なくも、私を欺いたのは私の父ではなかった。年頃の少女の常として、私が母から父へとありきたりに愛情を転移したのではない、と教授は言った。私の父は「冷たい人だと思う」と教授は言った。

ここのところの文章は私にはわかりにくい。私を欺いたのは父ではなく誰だったのか？父は彼女の語ることにフロイトのように関心を向けてはくれなかったと言っているのか？このあとH・D・は父が人形や動物（の玩具）を買ってくれたことを思い出している。父へのアンビバレンスがあるのであろう。

教授は初め「来年の一月か二月に」はお会いできると、手紙をくれていた。その来年になったのだが、「北極熊向きの気候」に私が参ってしまうかと心配だった、と彼が言ってよこしたので私たちは待つことにした。どんな天候でも三月にはお伺いしたいと書き送った記憶がある。

そう——アメリカから父の死を知らされたのはロンドンにいた三月のことであった。もっとも父の死は二月に違いなかったけれど。私の母も三月に死んだ。八年後のことだった。その知らせは一九二七年の春分の日に……私に届いた。

この寝椅子に寝ていると、今夜も、燐光のようなものが私の頭から発散して、この鎮痛剤とも麻酔剤ともいえるものを吸うことができそうな気がする。

私は幸いにも苦痛から解放され、娘のために予言された幸運の前兆を思い出しているのか？　娘は春分に、しかも陽が絶頂にある真昼時に生まれたのだ。たしかに娘の絶頂にある星回りが私に幸運をもたらしたのだ。

私はこうした事柄を少しは教授に話した。私たちの会話の生きた内容を、論理的にあるいは教科書風に列挙して分類することはできない。……それは「雰囲気……」であった。

三月はH・D・にとって意味深い月であった。父の死も母の死もロレンスの死も三月と結びついていた。三月は死に取り囲まれていた。H・D・はたとえどんな天候であっても三月にはお伺いしたいとフロイトに書き送っている。H・D・は失われた対象の代わりをフロイトに見出そうとしたのか。

その三月にフロイトの分析が開始され、寝椅子に寝ているH・D・は、三月に娘が生まれたことを語り、娘のために予言された幸運の前兆を思い出している。

三月七日

私は白いあごひげを生やしたハヴェロック・エリスの夢を見る。……しかしハヴェロック・エリスの方がベッドに体を支えられ、病人か被分析者の役割なのに、私の方は彼のそばにすわっていて分析者なのだ。

私は脅えている。血のことを教授には言いたくない。私は玄関のドアを開いて走り出て暗がりの中で父を迎えようとして、父の頭から血が滴っているのに気づいた……父の事故の原因はいつも謎であった。……私たちは父が死ぬかもしれないと恐れた。……夢の中でハヴェロック・エリスのことを想像したように、父は体を支えられていたが、頭の髪とあごひげは真白になっていた。父は真青で、幽霊のような別人になっていた。

そのとき私は十歳だったと思う。ミス・チャドウィックに分析を始めてもらうまで、「忘れてしまって」いた。私は父の事故を三十五年間「忘れてしまって」いたのだ。

ジークムント・フロイトは次の面接のとき、私が分析されることを望んでいないことが「徴候から」わかる、と言った。……たしかに、事実、彼は私の葛藤を「徴候から」わかるに違いない。私が絶えず災厄を予知していることを、どう彼に話したものか。

私の心に潜むナチの現実の脅威を恐怖するさまを明るみに出すよりは、分析が不首尾で「遅れ」る方がいい。

そのとおり、私は「生き埋め」になっていた。これこそ、私の思いがロレンスに戻る理由なのか？　私は彼の最後の著書が思い出せない。『死んだ男』は生き埋めにされていたのだ。

ハヴェロック・エリスの夢では分析者は衰弱し被分析者であるH・D・と入れ替わる。暗にフロイトと彼女のことを言っているのか、被分析者であるH・D・に分析者に打ち勝ちたいという欲望があるのか。ついで三十五年間忘れていた父の事故と死への恐れが語られ、ロレンスの死へと連想がつながる。この内界の恐怖と重なり合って、外界の現実のナチスへの恐怖が語られる。それらを明るみに出すよりは分析が「不首尾で遅れる」方がよいとある。H・D・はフロイトの死によって分析が中断するという災厄を予知しているのか。

三月八日　水曜

教授は今日私が面接室に入ると、「あなたが言った言葉、七十七歳の老人は愛しがいがないということを私は考えていた」私はそんなことは言っていないので言い返した。彼は皮肉な歪んだ微笑を浮かべた。「やりがいがないと言ったのではなくて、どうもなさそうだと言ったのです」と私は言った。しかし彼は私を混乱させた。「分析を受けていれば、その人は分析がすんだ後では死んでいる」と彼は言った。どの人が？「私が七十七歳であるか四十七歳であるかは問題ではないでしょう」と彼は言った。私は今、次の誕生日で四十七歳になることを思い出す。その日一日だけは、ロレンスはまだ四十七歳のはずだ。

教授は先に言った、「分析を受けていれば、その人は分析がすんだ後では死んでいる――あなたのお父さんが亡くなったように」

その年の一日だけH・D・とD・H・ロレンスは双子だった。しかし死後まで、私は実際にこのことを実感しなかった。彼は一八八五年九月十一日に生まれ、私は一八八六年九月十日に生まれた。

H・D・とD・H・ロレンスは双子だったというところで、彼女は自分のことを私とは言わずにこのときだけH・D・と言い、ついでD・H・ロレンスと言う。H・D・とD・H・は双子なのだ（一八八六年九月十日は同じ年齢になるはず）。失った対象を心の中では保持しようとするあまり、その失った対象そのものに自分自身がなってしまうことがある。H・D・とD・H・はいま一歩で重なりそうだ。同一化があるのだろう。そうだとすれば、ロレンスの死は彼女自身の死を意味してしまう。

分析を受けていれば、その人は分析がすんだ後では死んでいる、というフロイトの言葉がどんな意味なのかは私にはわかりにくい。H・D・も混乱している。分析を受ける前は対象の死を実感し受け入れることができなかったのが、分析によって悲哀の過程が進んで死を受け入れられるようになるという意味だろうか？

私が自分の時計を見るのは、うんざりして面接を終ってほしいと思っているのだと彼が言ったのは、私が彼に反発していると言いたかったのだろう。私が人生に辛抱しきれず、精神分析を避けるために彼の死をさえ望んでいるかもしれぬ、という彼の言葉を私に文字

通り受け取らせるつもりだった、とは私は考えなかった。あるいは彼は私に対しこの意見に反駁させるつもりだったのか？　私は何と言ったらよいのか？

わずか数回の面接の中で深い内容が語られている。H・D・の体験した多くの喪失と死、ロレンスとフロイトの、そしておそらくはH・D・自身との重なり、フロイトの老齢と死の予感。H・D・はこれらをフロイトに語ることによって、「生き埋め」にされていた自身の体験を思い出し、死に囲まれ閉ざされていたH・D・の心がひらかれてゆく。しかし、ひらかれてゆくことへの恐れ、抵抗も生じている。

三月九日

大聖堂の夢を見る。

家というものは何か言い難いふうに父―母に依存している。復活とか再生という点では、対抗する父母のどちらに忠誠を示さなければならぬかと悩む心の葛藤は起こらない。教授の環境と関心は、私の父よりはむしろ母と水源を同じくするように思われるが、母は必ずしも私を満足させないので、「感情転移」となるとそれはフロイトに対してである。彼は先に言っていた。「それで――言わずにはおれないのだが（あなたが何でも打ち明けてくれるから私もあなたにそうしたい）、感情転移で母親になるのは好きではない。――いつも驚きだし少しはショックです。自分ではとても男性的だと思っているから」。彼に対して彼のいわゆる母親転移をもった人が他にもいるのですかと私は尋ねた。「ああ、実に多いね」と彼は皮肉な口調で答え、私は少し物足りなく思った。

フロイトは技法論文（Freud, 1912）の中で患者の告白に分析者が告白で応じるべきでないと忠告しているが、その自分の忠告に反して、被分析者から母親転移を向けられることに驚きとショックを感じていると告白している。母親転移を十分に取り扱えなかったゆえに、フロイトの理論では母親の役割が十分には論じられていないのだろう。

私は治療者は心理的に両性的でありたいと思っている。以前にも書いたことだが、私は自分の中の女性性に発言を許そうと女性言葉でひとりごとをいう練習をしていたことがある。このことを土居健郎先生に話したら「気持悪い」の一言で片づけられたけれども。

この調子で引用を続けると紙幅がいくらあっても足りなくなるだろうから、「降臨」の終りの面接を引用する。

一九三三年六月十二日　水曜
ウィーンを去るのは、今週の土曜日。教授の示唆でノートをとるのを中止した。私が書いた二冊の本を夢に見る。「この本が出版になります」と私は言う。それから「二冊目が続いて出ます」と。
彼はアテーネーの小像を探して私にもたせた。

H・D・は自分の書いた二冊の本が出版になる夢を見る。彼女は創作意欲を取り戻しているのだろう。
フロイトがアテーネー（アテナ）の彫像をH・D・に「もたせた」だけなのか贈ったのかはこの記述からはわからないが、たとえ「もたせた」だけだとしても、フロイトからH・D・への贈り物ではあろう。アテーネーはゼウスの頭から生まれた乙女であり、知恵の女神であるが、いつも槍と盾を手にした姿で描かれていて闘いの女神でもある。オリーヴの木が彼女の聖木であり、フクロウが聖鳥である。幾多の災厄を乗り越えてきた詩人H・D・にふさわしい女神である。そして多くの非難や攻撃と闘いつつ精神分析という壮大な学問を創始したフロイトにもふさわしい女神である。

「降臨」はこのあと六月十五日の短い記述で終っているが、「壁の文字」にはほかにも心に残るエピソードがいくつか書かれている。そのうちのH・D・からフロイトへの贈り物について書いておきたい。これらについてはすでに『贈り物の心理学』（成田、二〇〇三）の中でとり上げたことがあるが、H・D・とフロイトの関係がどのようなものであったかをよく示すエピソードなので、重複を厭わず書いておくことを許されたい。

ナチスのウィーンへの侵攻が迫り、ユダヤ人フロイトにとってきわめて緊迫した状況にあったとき、H・D・はいつものように分析を受けに行った。メイドのポーラがためらいながら待合室のドアを開けた。**教授がちょっと間をおいて奥のドアを開けた。それから私は寝椅子に腰をおろした。教授は言った。「でもなぜ来たの？　今日は誰もここへは来てい**

ない。誰も。外はどんな様子かね？　なぜ外出したの？」

彼は私のどんな言葉を期待したのか？　私はそれを口にしたとは思わない。私がここに来ていることで十分言いつくしているではないか？　他に誰も来なかったから私はここに来ているのです……教授が何を考えているのか、私は知らなかった。「私は老人だ――私を愛するなんて価値のないことだと思っているんだね」と思っているはずはなかった。あるいは彼がそう言ったことを覚えているとすれば、これはたしかにその答えであった。

ナチスの侵入するウィーンでユダヤ人フロイトを訪れることはきわめて危険なことであった。この訪問はまぎれもなく愛の贈り物であった。

これよりすこし後に、H・D・はこう書いている。

私は砂時計をもっていて、彼の寿命の砂が今のように遡るのではなく同じ年数だけ前進するように逆に置けたら置いたことだろう。あるいはできることなら私は秘密のドアを忍び抜けて――私だけがそうする資格があるだろうし――心やさしい神に懇願したことだろう（私のほかにできる者はいないだろう。私の贈り物は何か違ったものでなければならないのだから）。私は自分の年齢を彼のと取り換えよう。私が彼のために望みうるほど十分な年月ではないにしても、重要な違いとなろう。私の砂時計には二十年か、三十年分さえ残っていよう。私はこの心やさしい神に向かって言うだろう、「あのう、そこの棚の二つのことですが、あの砂時計をちょっとだけ変えていただきたいのです。H・D・の方をジークムント・フロイトと場所を変えてください

（たいして重要でもない私の私事を片づけるのに二、三年はまだ残してほしいのですが）。これはご無理なお願いでもないでしょう。それにやればできることですね。昔ある劇でそうしたかそうしようと申し出た人がいます。ギリシャ劇でしたね。ある女性が――その名は覚えていませんが――何かの理由で他の人と自分の寿命の交換を申し出ました。それは何でしたか？　ヘラクレスは死神と争っていたのでした。その劇はアルケスティスだったでしょうか？

ギリシャ古典に通暁する詩人H・D・がこの物語を覚えていないはずはない。アルケスティ

スは夫アドメトスが運命の三女神から死を宣告されたときその身代わりとなった文字通り献身的な妻である。H・D・は先程の引用の数行あとに、**その劇は今進行中なのですから——いずれにせよ私たちがそれを上演しているのですから、老教授と私が、**と言っている。

H・D・がフロイトに贈ったもう一つの贈り物がある。

フロイト七十七歳の誕生日に、分析を受けにいったH・D・はフロイトに何ももっていかなかった。フロイトがクチナシの花が好きだと知ってウィーンの花屋を探したが、クチナシは見つからなかった。**すみません。欲しいものが見つからず何ももってきませんでした。とにかく、少し違うものを差し上げたかったのです**と彼女はフロイトに言った。

それから数年後、一九三八年の秋、ナチスの迫害を逃れてロンドンに亡命したフロイトに彼女はクチナシの花を贈った。「神々《ゴッズ》の帰還を迎えて」とカードに走り書きして。クチナシはフロイトに届き、H・D・は返事をもらっている。

H・D・様

今日花が届きました。偶然か故意か、私が大好きで最も賞賛している花です。「神々の帰還を迎えて」との語あり。（神々《ゴッズ》ではなく良い品《グッズ》と読んだ者あり）、無名。この贈り主はあなたではないかと思う。この推測が正しければ返事は無用。ただ実に魅惑的なジェスチュアに対して心から感謝します。

いつも愛情をこめて

ジークム・フロイト（原文ママ）

亡命して異国に着いたばかりのフロイトにとって、この贈り物がどれほど大きな慰めになったかは想像に難くない。

巻末の「追加」のところにフロイトからH・D・に宛てた手紙が数通紹介されている。ピアソンがH・D・の許可を得て掲載したものである。そのうちの二通を紹介する。

一九三六年五月二十四日

H・D・様

あなたの白い犬たちはみんな無事に到着し、昨日までのところ元気で部屋に美観を添えていました。

私は賞讃と非難には無感覚になったと思っていました。ご親切なお手紙を拝誦し、どんなにうれしく拝見したかを自覚して、私の堅固な姿勢は間違っていた、とまず思いました。でも考えなおして、そうではないという結論となりました。あなたにいただいたのは、賞讃ではなく親愛の情であり、私の満足を恥じるには及ばないのです。

私の年齢では生きることは容易ではありませんが、春は美しく愛もまた美しいのです。

親愛の情をこめて

フロイト

もう一通

一九三六年九月二十日

あなたの五十歳の誕生日にあたり八十歳の老友から、心からの、しかし遅ればせのご祝辞を

フロ・（原文ママ）

分析終了後三年以上たっているが、二人の間は互いに敬愛する友人としての交流があったことがわかる。H・D・からの手紙は収録されていないが、彼女からの手紙がフロイトを慰め喜ばせたことは疑いの余地がない。手紙も贈り物なのだ。

H・D・はフロイトに語ることによって、そしてフロイトの短いけれども適切な質問や示唆によって、度重なる人生の災厄を語り、依存と愛の対象を失った体験を回想し、対象喪失を受け入れてゆく。本書はH・D・が自らの悲哀の過程を、そしてそこからの回復を語った本と言える。

H・D・から見たフロイトは実に自由に一人の人間としてふる舞っている。机の上の彫像を

H・D・に見せたりもたせたりし、H・D・の声や話し方を賞賛したり、自身娘を失ったことや、精神分析の発展について初期には間違いが多かったとまで語っている。また、母親転移を向けられたことが驚きでショックだったとみずからの逆転移を素直に開示している。中立性と匿名性を強調したフロイトは自分の理論的主張を必ずしも実践していたわけではないのだ。

一方で、自由連想を促すていねいな説明によって、また適切な質問によって、H・D・が心をひらくのを促し、さらには分析を受けることへの彼女の抵抗をもとり上げている。たしかに、フロイトの温かいパーソナリティと専門家としての技術をH・D・の文章はよく伝えている。

おわりに

本書を読んでいると私の中にいくつかの経験が思い出され、さまざまな思いが甦ってくる。ところどころで、なくもがなの私の感想をつけ加えたのはそれゆえである。

この原稿は、偶然ではあるが不思議なめぐり合わせで、八十歳の三月に書いた。この機会を与えられたことを感謝する。

明日は春分の日、今年の春が美しい春でありますように。

文　献

Blanton S（1971）Diary of My Analysis with Sigmund Freud. Hawthorn Books.（馬場謙一訳（一九七二）フロイトとの日々―教育分析の記録．日本教文社）

Freud S（1912）Recommendations to Physicians Practising Psycho-Analysis. SE XII. pp109-120, Hogarth Press.

H.D.（Hilda-Doolittle)(1956, 1974) Tribute to Freud : Writing on the wall・advent. D.R. Godine.（鈴木重吉訳（一九八三）フロイトにささぐ．みすず書房）

成田善弘（二〇〇三）贈り物の心理学．名古屋大学出版会．

Wolf-Man（1971）My recollections of Sigmund Freud. In M Gardiner（Ed）The Wolf-Man by the Wolf-Man. Basic Books.

補記

本稿は「精神療法」誌が「古典症例に学ぶ」という連載を企画し、数人の著者が毎号ひとりずつ、それぞれが学んできた学派の中で古典症例と思われる例をとり上げて解説している。私にも書くことを求められて、私の立場としてフロイトの症例をとり上げるべきかと問い合わせたところ、自由でよいとのことだったので、フロイトから分析を受けたH・D・の著書「フロイトにささぐ」をとり上げることにした。

H・D・を分析するフロイトがいかにも自由で、人間的で、自身の主張する理論とはかなり違った対応をしているのが私には興味深く、魅力的で、フロイトという人間がいっそう好きになったからである。H・D・の方も、フロイトに心から傾倒しているのだが、ときには「いつも教授（フロイト）が正しいとは限らない」と言うところもあって、かなり自由に話している。

本文中にも述べたが、詩人H・D・の文章は飛躍が多く、神話や文学作品への言及もあって、私には理解がむずかしいところもあったが、ふたりの交流の深さ、自由な雰囲気と親密さはよく伝わった。H・D・はこのあと二度目の分析を受けたはずだが、双方がそれを求めたのではないかと思う。そしてその後も、ふたりは三十歳の年齢の差を越えて親密な友人であり続けたようである。引用されているフロイトからの手紙にも、親愛の気持は色濃く現れている。フロイトにとってもH・D・との交わりは心を温かくする大切なものであったのだろう。

私は好きな本は何度も読み返すことがよくある。次に何が書いてあるかがわかっているのだが、またそこを読むのが楽しみなのだ。好きな音楽を繰り返し聞くのに似ている。何度も読むうちに、それまで気づかなかった小さな発見をすることもある。このH・D・の本はこれから私が繰り返し読むであろう本になった。八十歳でそういう本にめぐり会えたのは幸せである。

あとがき

本書は、巻末のH・D・の著書についての文章は別にして、ここ数年の間にした講演を集めたものである。数年前から年齢と体調を考えて、毎回、こういう話をさせていただくのもこれが最後かと思いながら話してきた。しかしふり返ってみると、そう思い始めてからも何回か講演をさせていただいている。そういう機会を与えてくださった関係者の方々に、また会に参加してくださった方々に感謝する。

いま校正刷を読んでいると、私が長年関心をもってきたテーマについてあらためてふり返ったような話がほとんどである。「心理療法を語る」も「心理療法の本質と実践」も「治療者の自己開示をめぐって」も、私が今までしてきたこと、あるいは少くとももしようとしてきたことを言葉にしたものだし、「臨床の方法としてのケーススタディ」も講演の原稿そのものではないが、今まで何回もあちこちで語ってきたことをまとめたものである。私は名古屋大学精神科精神療法グループが毎週行なう事例検討会にほぼ二十年間ほとんど毎回参加し、自分の症例も、数えたことはないが、おそらく二十例か三十例は提示してきた。また一方で学会や研修会に若い治療者が提示する事例について、数えきれないくらい助言者や討論者を務めてきた。そこで学んだこと、気のついたことを文章にしたものである。また青年期の患者は、私が精神科医になって以来もっとも多くかかわってきた患者であり、青年期をテーマにした講演もおそらく十回以上させていただいた。中には講演記録として活字にしていただいたこともある。同じような話になっているところも多いが、ここ四十年程の間に、青年をとりまく社会文化状況の変化に伴って青年の心理や病態も変化したし、講演を聞いてくださった方々からの質問や感想に刺激されて、私の話もすこしずつ変化してきた。今回の講演はそういった変化を踏まえた私なりの総まとめのようなものである。読者の方々には、この話はすでに聞いたとか、以前にもどこかで読んだと思われるところが多いと思うが、青年期についての私の最後の講演なので、もう一度と思って読んでくださると嬉しい。

すこし話が変わるが、今年に入ってまだ続けていた地元でのセミナーを終ることにし、最終会は参加者の方々に事前に質問やら感想やらを書いて提出してもらい、当日は私がそれに答える、答えるというより質問や感想に刺激されて私の中に生じてきた思いや考えや連想を語り、参加者の方々と対話する会にすることにした。実に多くの、さまざまな感想や質問が寄せられたが、共通するものも多かった。

たとえば「成田先生にとって心理療法とは何ですか?」とか、「何年も続けてこられたのは何か秘訣がありますか?」とか、「年齢とともに変化してきたことはありますか?」などである。中には「人生で一番大切なことを教えてください」などという、私などにはとうてい答えられない質問もあった。

一番考えさせられたのは「成田先生にとって心理療法とは何ですか?」という問いである。この問いを聞いたとき、「成田から心理療法を取ったら何が残るか?」と聞かれているような気がした。私にとって心理療法は、それを取ったら自分に何が残るかを考えさせられるものである。心理療法を取っても自分がなくなるわけではないが、考えれば考えるほどどろくなものは残らないと思わざるをえないので、この問は聞きようによっては残酷な問いである。

また話がそれるが、このところ若くして目ざましい活躍ぶりで世の注目を集めている将棋の藤井聡太さんは、「将棋の次に興味があるのは何ですか?」と問われて困った顔をしてしばらく考えて「詰将棋」と答え、「得意なことと不得意なことを教えてください」という問いには「得意は将棋、不得意はそのほかすべて」即答している。こういう人に「あなたから将棋を取ったら何が残るか」と問うことはできない。将棋を取ったら藤井聡太が藤井聡太でなくなってしまうからである。

私にとって心理療法は自分と妻子の生活の糧を得るための仕事であり、仕事であるからには義務と責任を伴うものであり、それゆえ人生の大切な部分ではあるが、藤井聡太さんにとっての将棋のようにそれが人生のすべてではなかった。だから藤井聡太さんは超一流の将棋指しとなり、私は二流、三流の心理療法家で終るのも仕方のないことである。

しかし一方で、自分なりにまあよくやった、自分はこれでよかったのだという気もする。

将棋は集中的な知的労働であるが、体力も少なからず必要なようである。心理療法は多分に感情労働であるが、かなりの体力もいる。心理療法をやったことのない人は、心理療法家はただ坐って話を聞いているだけで、体力など必要なかろうと思うらしいが、そうではない。もともと身体が丈夫でない私が、体力のいる仕事を長年続けてきたのだから、まあよくやったと思っても許されるだろうと思う。

また話がそれるが、私は大学に入学してすぐに囲碁部に入り、医学部六年間、碁を打たない日はほとんどないような学生生活を送ってきた。医学部卒業というより囲碁部卒業といった方がよい。まあそれなりに強かったので、碁のプロになりたいと思ったこともある。一学年上に、工学部を中退してプロになった先輩がいたこともあった。ただ私はその先輩に二子では勝つこともあったが先では届かなかった。碁では打てば実力が、つまり自己の限界がはっきりわかる。この程度の実力ではとうていプロにはなれないとあきらめて、精神科医になった。よく言えば、自己の限界を認識しそれを受け入れてほかの道を選択したということだが、よく言わなければ、途中で努力を放棄して早目にあきらめることで、真の限界に直面するのを回避したことになる。のちに気のついたことだが、心理療法家は自己の限界を認識するのが難しいので、それを先送りできる仕事だと思う。

本文中にも書いたが、心理療法のスーパービジョンをするようになってから、あるスーパーバイジーにこう言われた。「先生のやり方を取り入れてから私の患者はよく治るようになりました」私が喜んで「どんなところを取り入れたのですか?」と聞くと、彼女は「まあこのくらいでいいんだという姿勢です。私も患者も楽になりました」と言った。これもよく言えば、完璧な治療者であろうとするスーパーバイジーの強迫性を和らげたと言えるかもしれないが、よく言わなければ、理想を目ざして努力する志に水をかけたということになる。

ふり返ってみると、私自身治療者として「まあこのくらいでいいんだ、自分にできることはこれくらいだ」と思うことが多かった。あえてよく言えば、この姿勢のおかげで私と患者は理想的ではないがまあまあのところまで到達することができたと思う。

いま気がついたが、「まあこのくらいでいいんだ」と思うことが、私の人生で大切なことだったらしい。

おわりに、本書の出版に踏み切ってくださった金剛出版に、そして編集を担当してくださった中村奈々さんに感謝する。中村さんのきめのこまかいサポートがなければ、この私にとっての最後の本はできあがらなかった。

読者への別れの挨拶のつもりで書き始めたのだが、なんだか妙な、長すぎる「あとがき」になった。最後まで読んでくださってありがとう。

ではさようなら。

二〇二三年十一月七日

ようやく秋の深まりを感じつつ

成田善弘

【初出一覧】

「心理療法を語る」
千葉県公認心理師協会講演（二〇二〇）
「青年期の発達課題」
金剛出版主催ワークショップ（二〇一九）
「心理療法の本質と実践」
第二十八回心の健康会議基調講演（二〇一八）
「臨床の方法としてのケーススタディ」
臨床心理学増刊第五号、金剛出版（二〇一三）
「治療者の自己開示をめぐって」
第十八回日本サイコセラピー学会特別講演（二〇一七）
「古典症例に学ぶ」
精神療法第四八巻第三号、金剛出版（二〇二二）

【著者略歴】

成田　善弘（なりた　よしひろ）

1941年，名古屋大学医学部卒業。精神科医・臨床心理士。

名古屋大学医学部助手，社会保険中京病院精神科部長，椙山女学園大学教授，大阪市立大学大学院教授，桜クリニック嘱託医を経て，現在，成田心理療法研究室主宰。

［著書］

『青年期境界例』（金剛出版）

『新版 精神療法家の仕事』（金剛出版）

『精神療法家のひとりごと』（金剛出版）

『心身症と心身医学』（岩波書店）

『強迫性障害』（医学書院）

『贈り物の心理学』（名古屋大学出版会）

『精神療法を学ぶ』（中山書店）

『精神療法家の本棚』（みすず書房）ほか。

［訳書］

マスターソン『青年期境界例の治療』（共訳，金剛出版），『逆転移と精神療法の技法』（星和書店）

サルズマン『強迫パーソナリティ』（共訳，みすず書房）

マックウィリアムズ『パーソナリティ障害の診断と治療』（監訳，創元社），『ケースの見方・考え方』（監訳，創元社）ほか。

成田善弘　心理療法を語る

「まっすぐに」患者と向きあう

2024年1月10日　印刷
2024年1月20日　発行

著　者　成田 善弘
発行者　立石 正信

印刷・製本　シナノ印刷
装丁　臼井新太郎
装画　田口実千代
組版　古口正枝

株式会社　金剛出版
〒112-0005　東京都文京区水道1-5-16
電話03（3815）6661（代）
FAX03（3818）6848

ISBN978-4-7724-2007-5　C3011

精神療法の深さ

成田善弘セレクション

［著］＝成田善弘

●四六判 ●上製 ●360頁 ●定価 **4,180**円

● ISBN978-4-7724-1253-7 C3011

精神科診断面接における留意点、
面接を構造化するポイント、臨床現場の実感、
全編に達人の臨床記録がちりばめられた最高の指南書。

精神療法面接の多面性

学ぶこと、伝えること

［著］＝成田善弘

●四六判 ●上製 ●240頁 ●定価 **3,080**円

● ISBN978-4-7724-1153-0 C3011

治療関係と構造、面接の方針、
臨床現場における多面的な課題を取り上げ、
精神療法面接をいかに行うべきかをわかりやすく解説する。

治療関係と面接

他者と出会うということ

［著］＝成田善弘

●A5判 ●上製 ●260頁 ●定価 **3,960**円

● ISBN978-4-7724-0880-6 C3011

患者の気持に治療者が共鳴するとはどういうことか等、
専門領域の知識と技術が豊富に盛り込まれた
真に実践的な臨床指導書である。

価格は10%税込です。

精神分析の変遷
私の見解

［著］=マートン・M・ギル
［監訳］=成田善弘　［訳］=杉村共英　加藤洋子

●A5判　●上製　●216頁　●定価 **3,740**円
● ISBN978-4-7724-1053-3 C3011

精神分析技法の名著『転移分析』の著者として知られる
ギル最後の著書が待望の邦訳。
誠実な臨床家であったギルを理解するための優れた臨床書。

精神療法の経験
［オンデマンド版］

［著］=成田善弘

●A5判　●並製　●280頁　●定価 **6,050**円
● ISBN978-4-7724-9019-1 C3011

精神療法の第一人者が、治療者のその理論と技法
そして基本的な態度を自らの経験を通して語る
こころの専門家必読の書。

境界性パーソナリティ障害の精神療法
日本版治療ガイドラインを目指して

［編］=成田善弘

●A5判　●上製　●210頁　●定価 **3,520**円
● ISBN978-4-7724-0931-5 C3011

経験豊かな著者らによって、精神分析的精神療法を基盤としながらも、
分析にのみ依拠することなく、最新の心理社会療法の成果も取り入れた
統合的なアプローチが紹介される。

価格は10%税込です。